老師不好意思教的世界奇葩史

超乎想像，原來影響世界的領導者是這樣！

序

著名的英國哲學家法蘭西斯．培根曾說過：「讀史使人明智。」所謂鑑往知來，歷史是一門思辨之學，其重要性不言而喻，要如何把這麼一個影響力如此之大的學問給完整的闡述清楚，且又能讓一般大眾能夠理解，成了許多專家學者們都在思考的一個問題，而撰寫一本大眾化的歷史書，更是成為了每個對歷史有興趣的作者們，心中夢寐以求的目標。

近年來，市面上多了很多以幽默包裝的歷史書籍，其中不乏有講述各國歷代通史的，剖析經典文學的，但就是少了一本專講各國風雲人物的書籍，而本書就是在這種創新的嘗試下所誕生的產物，書中總共挑了二十二個，跨越地域、時空，都曾是在該國政壇上呼風喚雨的領導人們的故事。當然，所選擇的這幾位人物，也不是平鋪直敘地從出生講到死亡，而是把重點放在「關掉這些人物的鎂光燈」後，描寫這些人物不為人知的另一面。比如兩岸之間的爭議人物毛澤東，人們都知道他是呼風喚雨的中華人民共和國領導人兼建國者，每每談到這人總是充滿火藥味，卻很少人知道，扣除政治，毛澤東的生活習慣也多麼勁爆；或是漢高祖劉邦，在漢代開國皇帝的光環底下，其實是位出口成「髒」的老流氓。本書意旨用一些特殊、鮮為人知的有趣歷史資訊，讓讀者看到這些人物不為人知的另一面，相信能讓大家耳目一新。

簡明好讀以及史料的正確無誤是作者寫書的第一自我要求，在敘事方面，全作採用白話，近似於講述故事的方式，讓普遍大眾除了能迅速了解其人外，還能從中了解人物當時的想法和感受，其次就是要收集足夠正確的史料，這可以說是撰寫本書時遇到的最大困難。坊間的野史趣聞多不勝數，然而樹大必有枯枝，在這些資料中，肯定也會有未經查證的假資訊混在其中，因此如何明辨是非就成了寫作必經的一項重大工作。本書的每篇故事都經過嚴格篩選，史實淨含量高達99.9%，請各位讀者安心「食」用。

如果說課本上的歷史知識是去掉政治不正確的七情六慾，講述古人的簡略政績，那希望這本書是能讓他們起死回生，變得有血有肉有感情。在這裡感謝前人們留下的智慧結晶，也感謝這一路來支持作者出書的每個人，最後，祝福讀者能沉浸在這本書中，讀得開心過癮，並能收穫到知識，這對作者來說，就是最大的讚美和成就了。

老師不好意思教的

漢高祖劉邦

文言文的「林北」怎麼說？

——漢高祖劉邦的髒話大全

1

世界奇葩史

罵不罵人跟文化水平沒關係，只要是人，總有爆粗口的時候，但罵人的水平，絕對跟文化底蘊有關係，像是孔孟這種高水準文青，罵法當然與常人不同，猶如過期的牛奶般，一喝下去看似沒感覺，但當夜深人靜，萬籟俱寂之際，自責內疚才會赫然而出，直至上吐下瀉，羞愧至極。而漢高祖劉邦這種罵法恰似相反，他的罵人的水平有限，說不出「朽木不可雕也，糞土之牆不可圬也」這種高技術罵人技巧。但以低級髒話來說，他算是史上絕無僅有、集才幹與低級於一身的髒話家，一生中飆罵無數，老弱婦孺、分封諸王無不罵過，春風得意至極。

劉邦的早期生涯

要說劉邦之所以這麼愛說髒話，必須從他的早年生涯說起。

西元前二五六年，劉邦出生於豐縣中陽里金劉寨村，劉邦這個名字，不是他原本的名字，而是他後來自認原名太鳥，自行塗改的，劉邦原本的名字叫劉季，為什麼叫「季」？古代中國因為孩子夭折機率極高，爸媽都不願認真取名字，時常以數量單位來代替，如同子丑寅卯、甲乙丙丁之類的，而劉爸爸採用了「伯、仲、叔、季」來替孩子命名，劉邦是劉家第三位孩子，照理來說，應該取名為「劉叔」才對，不過他老爹估計自己不會再生了，這孩子會是老么了，索性跳過叔字，直接稱季了（「季」的意思除了排名第四外，也有最小的意思，劉爸爸以為自己不會再生了，沒想到自己後來又生了老四老五，排列順序整個打亂了）。

可別以為「伯、仲、叔、季」是文謅謅的字，以當時來說，劉季就等於劉四，簡直像是現今在酒館前招呼店小二時所用的小名，連個正式名字都沒有，概可想見劉邦的出生確實不出頭。

劉邦早年時和將來一同相愛相殺的項羽一樣，都是個令父母親頭疼至極的人物，項羽不愛讀書，也不學劍，而劉邦這人更有意思，他的血統可能有待商榷，怎麼說呢？劉邦在當上皇帝後曾經召開大宴，在酒酣耳熱之際，胡言道：「各位知道嗎？我媽有次下田耕種時偷懶睡覺，結果夢見天龍下凡，就懷孕了！」劉邦他爸還跟著附和：「對對對！我可以作證，龍飛走了以後我老婆就懷孕了。」很有可能劉邦的母親確實是他母親，但劉邦的父親不是他真正的父親，而是外頭某個野男人生的，所以後來項羽抓著劉太公不放，聲稱要把他煮了時，劉邦竟能慷慨大笑，厚臉皮地說道：「煮啊你，煮完記得分我一杯肉羹」。

劉邦從小就是個無賴份子，幼時在父親的指使下，曾和總角之交盧綰一起拜馬維先生為老師，在馬公書院讀書。但年齡稍長後，兩人卻出現極大反差，盧綰認真向上，學富五車，而劉邦貪玩怕事，經常被老師訓斥，但他性格豪爽，對人很寬容，所以和盧綰依舊友好，後來當上皇帝後，劉邦還給盧綰超高規格待遇，據《史記．韓信盧綰列傳》記載：「出入臥內，衣被飲食賞賜，群臣莫敢望，雖蕭曹等，特以事見禮，至其親幸，莫及盧綰。」諷刺的是，劉邦稱帝後將功臣趕盡殺絕，只留了知音盧綰，但盧綰卻害怕劉邦兔死狗烹，遂暗通匈奴，意圖謀反奪權。不過劉邦對他很執著，雖然出兵圍剿，卻不派大軍完全剿滅盧綰。

除了跟盧綰鬼混外，劉邦另外集結了一幫狐群狗黨小夥伴，走到哪兒，黃色笑話、滿地髒話就在那兒。但換個角度說，也能從中窺知劉邦天生的領袖風範。

劉邦從小不被父親給待見，原因不僅是不好學，他的哥哥劉仲是個孝子，時常替父親插秧播種，然而劉邦卻不喜歡勞動，總是在陰影處拿著扇子搧啊搧，所以常被父親訓斥，說他不如自己的哥哥會經營。有趣的是，在統一天下之後，劉邦還拿此事和劉太公開玩笑：「爸，你常說我是個無賴，不能治產業，不如哥哥劉仲，但我今天的成就比劉仲大喔。」

靠著與生俱來的領導才器，劉邦長大後做了泗水的亭長（管理十里以內的小官），時間長了，和縣裡的官吏們混得很熟，什麼蕭何、曹參都認識了，在當地也小有名氣。劉邦的心胸很大，在一次送服役的人去咸陽的路上，碰到秦始皇大隊人馬出巡，遠遠看去，秦始皇坐在裝飾精美華麗的車上威風八面，遠方人們都在暗中叫罵，只有劉邦羨慕得脫口而出：「大丈夫就應該像這樣啊！」

反秦起義啦！

劉邦之所以反秦，並沒有想像中的神話。有天劉邦接到上級報告書，被命令以亭長的身份為沛郡（位於江蘇徐州市附近，當時只是個小鄉村）押送徒役去驪山（也就是現在的西安），徒役們可不只幾百人，劉邦卻只有兩隻手，他們走一路跑一路，真到了目的地大概只剩劉邦一人了。據當時的苛刻秦令，刑徒逃跑，看管者必因此遭受刑罰。所以走到芒碭山時，劉邦停下來歇息飲酒，趁著夜晚把所有的役徒都放了：「我知道你們都不想去咸陽，這樣好了，你們各奔前程逃命去吧，我也該在山上避世一下了。」

有的人真的跑了，有十多個囚徒深知劉邦在當亭長時豁達大度、領導能力極強，願意跟隨他一塊走。從此，劉邦在芒碭山過了一段梁山伯般的俠客生活，據說有天還殺了一條比人大的大白蛇，不久後有位老婦哭泣前來，眾人疑惑不解：「老婦，你怎麼哭了啊？」老婦說道：「那條蛇是我兒子，他是白帝之子，如今被赤帝之子所殺，我就是為了這個哭啊！」眾人正要問個仔細時，老婦忽然不見了。是真實還是虛構？還是劉邦酒醉時亂掰的？在此不敢明斷，但此故事實在為後人津津樂道。

西元前二〇九年，陳勝、吳廣因調兵時颳風下雨，延遲了幾天，但照當時秦律規定：遲到者不問原因皆斬，陳勝啞巴吃黃蓮，有苦說不出，秉持著「今亡亦死，舉大計亦死」的態度，率領起義軍大舉反秦，攻占了陳（現在河南淮陽），建立了「張楚」政權，和秦朝公開對立。

天下苦秦久矣，人民聞風而動，揭竿而起，一同推翻暴秦，劉邦的老家沛縣也人心浮動，就連縣令也意圖響應，蕭何和曹參當時都是縣令手下的主要官吏，他們是劉邦的好朋友，因此勸縣令將本縣流亡在外的人召集回來，一來可以增加力量，二來也可以杜絕後患。縣令覺得有理，便讓劉邦的摯友樊噲把劉邦找回來。

但在劉邦披夜返回的同時，縣令卻又後悔了，害怕劉邦回來後自己當不了老大，弄不好還會被劉邦所殺，等於是引狼入室。所以命令將城門關閉，還準備捉拿蕭何和曹參。蕭何和曹參聞訊趕忙逃到了城外，剛好遇到了往回頭走的劉邦，蕭何據實相告，劉邦勃然大怒，親自前來城前大聲怒喊：

「沛今共誅令，擇子弟可立者立之，以應諸侯，則家室完。不然，父子俱屠，無為也！」

翻成白話文，就是「要不就加入我，要不就把你全家殺光光」，鄉親們知道劉邦是什麼德性，這事他絕對幹得出來，幾十個年輕人衝進縣衙，殺掉了出爾反爾的縣令，打開了劉邦的富貴之路。

特殊的招攬文人法

劉邦罵人的時候大多在會客之際，他總是在臥室裡見客，嘴裡叼了根牙籤，仕女們在底下幫忙洗腳，有時抬頭伸脖子，有時低頭看腳趾，一副事不關己的樣子，氣得客人牙癢癢。每次會客都有書生不爽劉邦這副跩樣，跟劉邦對嗆，而劉邦每次都嗆不贏，只能大罵他們是「豎儒」（學養淺陋的笨蛋），好讓那群之乎者也的書呆子們閉嘴。有時候火氣上來，劉邦還聲聲以「乃公」自居（以台灣口語來講，就是「林北」）。

隨著反秦起義軍的聲勢高漲，劉邦的軍隊連下了數十餘城鎮，因而獲得了與地方高端文人接觸的機會，然而劉邦是個沒文化的痞子，最討厭的就是文化人，因此在起義初期根本不允許文人進出營帳，倒是像樊噲一類的土氣屠夫，他視若珍寶。

有一次，秦末著名學者酈食其來投靠他，劉邦哪知道他是誰，一聽是個儒生，就沒什麼興趣，直接忽略過去了。

酈食其知道劉邦不喜歡知識份子，所以換了個方法，提著一壺酒去找劉邦，門衛問他要幹嘛，他不表明身分，只說是高陽酒徒，要來找劉邦喝酒。劉邦當時正在房間享受兩位仕女的足底按摩，大腿泡著熱水，心情愉快著，聽說有個酒徒來找他，想說今晚也想喝杯小酒，要有人陪著聊天才過癮，因此召見入內。

不過，酈食其一進來，劉邦就不高興了「不是說你是酒徒嗎，怎麼儀表堂堂，身穿儒裝，一副讀書人的樣子？」酈食其也很訝異，他以為劉邦就算沒有「周公吐哺」的胸懷，至少也該給點面子吧，可是一進門，就看見劉邦半躺在床上，兩腿開開，一臉陶醉。雙方當時心裡就很不爽了，酈食其看不起劉邦，不願下跪，只隨便拱了一下手，打了一個「身份對等」的招呼。劉邦也很不滿意，把頭一側，繼續享受他的按摩。

酈食其張望了許久，終於開口了：「你是想幫助秦朝打諸侯，還是想著率領諸侯打秦朝呢？」

劉邦聽聞此言，勃然大怒：「豎儒！天下已經被暴秦折磨慘了，我怎麼會幫助它來打諸侯呢？」

酈食其使出殺手鐧，反嗆道：「既然你是要打秦朝，那就不該這麼傲慢！」

酈食其是一位知識分子，他繼承了當時知識分子的共通特徵「沒事就愛酸別人」，這看似是個找死的舉動，但好在劉邦表面嗆辣，腦袋至少還算靈光。他當即意識到酈食其不是一位平凡人物，隨即轉換心情，爬起床迎客。

劉邦個性驕矜自傲，但對待下屬從不馬虎，酈食其後來跟著劉邦，每天吃香喝辣，日子過得得意又充實……不過劉邦不爽時，依然會把酈食其罵得狗血淋頭。

推翻了秦朝後，劉邦和項羽又打了起來，項羽的軍隊號稱江東八千子弟兵，其實數量遠比八千多上許多，且項羽的軍隊訓練有方，戰力驚為天人，每位士兵放到前線，都是不折不扣的殺人機器。劉邦打不過別人，很是發愁，酈食其就給他出主意說：「正面打不過，那你就得從背後對付他。你得開放獎勵措施，給敵方的將領一些好處，比如秘密分封他們王位，或是獻上金銀財寶，這樣一來，他們自然就不會找你麻煩了。」

劉邦覺得這辦法不錯，就讓酈食其接案子辦事了，不過張良聽說後大為不滿，跑來勸諫劉邦：「分封諸侯是不行的，權力要您親手抓著，若您分給他們，只會讓歷史倒退至周朝初期，天下重新大亂。」劉邦聽了脊背直冒冷汗：「酈食其這個豎儒，該死的書呆子！差點把我的大業弄垮！」

劉邦真是個大老粗，張良也是儒生啊！這種情況就像一位白種人對黑人朋友抱怨另外一名黑人，並用「尼哥」來蔑稱他，簡直開地圖炮把所有人都得罪了，也不知張良聽聞此言，心裡作何感想。

劉邦口出惡言的個性，不僅讓他的同事不好受，也為自己帶來了許多麻煩。

號稱「六國群雄」之一的魏豹原本支持劉邦，卻因為劉邦罵人罵得太狠，倒戈加入項羽陣營。劉邦不捨人才流失，派人去勸說魏豹，可是魏豹聽了連連搖頭：「漢王慢而侮人，罵詈諸侯羣臣如罵奴耳，非有上下禮節也。」

一言不合就髒話滿天飛

當上皇帝以後，劉邦罵人就更不收斂了。除了繼續用「豎儒」、「乃公」以外，據說還養成了個新習慣：開會議論國家大事的時候，把政見不合的儒生的帽子摘下來當尿盆往裡面撒尿。

劉邦在後期執政生涯階段，把罵人當作一種心理手段，顯示出了極其高端的政治手腕。像是漢高祖十年，代國君主陳豨起兵造反，劉邦立即召開國家會議，詢問有沒有將軍願意立功，四名校尉自告奮勇，但劉邦一見就大罵：「豎子能為將乎？（這幾個魯蛇也能當將軍？）」

然而，劉邦罵完還是給這四個人分封領地，並授予將軍軍銜。有人勸諫劉邦：「這幾個人沒有立功，為什麼封賞？」劉邦回答：「這棘手的案子沒人響應，好在這四位壯士奮勇當先，我要是不封賞他們，怎麼激勵人心？」

劉邦很清楚身為一位領導者該有怎樣的政治風範，他雖然骨子裡還是地痞流氓，但已然不是那位橫衝直撞的小孩子了，罵歸罵，該賞的東西還是要大方的賞，這就是劉邦的用人之道。

還有一次，劉邦和讀書人陸賈發生衝突。劉邦認為讀書無用，陸賈卻總是在他面前嘮叨詩書，劉邦請他不要那樣，陸賈還是繼續噴湧他的文言文，劉邦受不了這些外星話，破口大罵說：「老子我在馬背上得了天下，幹嘛去鑽研那些詩書？」

劉邦沒有料到，陸賈的腦袋異常靈光，當即反擊道：「在馬背上取得天下，難道也在馬背上治理天下嗎？」陸賈的話很犀利，直戳劉邦的心頭縫。劉邦釣魚不成，反而被魚尾閃了巴掌。

雖有點尷尬，但劉邦還是將情緒一轉，誠懇地對陸賈說：「有道理，希望先生能為我寫一些文章，教育我秦朝失天下的理由，以及我得天下的理由，還有古代國家興亡的歷史。」後來陸賈寫成十二篇大作，每寫完一篇就上奏給劉邦，劉邦無不稱讚，左右群臣皆高呼萬歲，他稱這部書為《新語》。

身為位高權重的帝王，劉邦與其他開國皇帝不同的點在於，他的內心有一把尺，可以丈量出人的長短，該服輸的時候就服輸，錯的地方就得改進，學習有智慧的人，精進自己的不足。

漢高祖七年，北邊的匈奴來勢洶洶，大有揮軍南下之勢，劉邦不清楚匈奴來了多少人馬，於是一邊派使臣去談判拖延，一邊派遣間諜觀測敵方，匈奴人很聰明，故意只把老弱病殘放到前線，所以這些間諜回來都說匈奴很弱，打他們很輕鬆。只有一個叫劉敬的人看出匈奴的陰謀詭計，勸諫劉邦不要打。劉邦當時已經拍板定案了，一聽劉敬的話，就很生氣，一言不合髒話噴湧而出：「你這齊國雜種！憑著嘴砲撈官位好棒棒嗎？今天竟敢胡言亂語阻礙你大爺的軍隊！」劉邦氣得喘不過氣，直接把劉敬扔進了牢裡。

不久，劉邦就帶著夥伴們出發了，他想用輝煌的大勝來堵住劉敬的嘴巴。結果一到平城，就被匈奴圍困在了白登山上，七天後才用計脫身。回來之後，他馬上釋放劉敬，封他做了建信侯，統管大片土地，並採納了他所提議的和親政策，保證了邊疆的和平。

從這幾則故事中，我們不難看出劉邦高明的政治手段，直白又不難理解。似乎每個人都能想到，但又不一定能做到，髒話與政治，原本只是兩個不相干的東西，劉邦卻能用其他優點補足他的不足，讓兩者取得最微妙的平衡，這是他為人處事最高端的一手。

劉邦之死

漢高祖十一年，淮南王英布起兵造反，劉邦御駕親征，交戰中被亂箭射中，回京的路上就病得很厲害了。呂雉為他請來良醫，醫生說病可以治癒，但劉邦卻叫他滾蛋，據《史記》紀載：「醫入見，高祖問醫。醫曰：『病可治。』於是高祖嫚罵之曰：『吾以布衣提三尺劍取天下，此非天命乎？命乃在天，雖扁鵲何益！』遂不使治病，賜金五十斤罷之。」劉邦死到臨頭，還不忘謾罵一番。醫生出門後，劉邦向呂雉交待了後事。

劉邦的傲慢舉國皆知，但有病卻不願意治療，這事聽起來真是弔詭。難道劉邦真以為自己是赤帝之子，生死乃天命所歸嗎？如果是這樣，那劉邦的死法也未免有些奇葩。

劉邦在世時罵人無數，死後自己也免不了被別人罵，像是司馬遷在史記中就曾多次側面描繪出劉邦的陰險面，從中貶低劉邦的人格不正；等到魏晉時期，竹林七賢阮籍也臭罵他是「時無英雄，使豎子成名」；就連宋朝的著名武學教授何去非也說：「漢太祖挾其在己之智術，固無足以定天下而王之。」直到近代時期，仍然有諸多學者批評他為「過河拆橋的臭流氓」。可是不管劉邦怎樣罵人，還是保留著自己的一套水準，對於一切與自己利益相合之人還是相當不錯的，否則他就不會被英國歷史學家湯恩比讚揚為「人類歷史上最有遠見、對後世影響最大的兩位政治人物，一位是開創羅馬帝國的凱薩，另一位便是創建大漢文明的劉邦」了。

老師不好意思教的

世界奇葩史

2

哥倫布

發現美洲新大陸的**惡魔**

——哥倫布的**反社會**人格

哥倫布是美國人最崇拜的冒險家之一，教科書上總是不乏使用最高尚、最富有冒險精神的詞彙來擁戴他。他四次航行美洲，發現新大陸、為西方國家擴張領土以及為白人的美國夢做出了實質性的貢獻，這類功績確實是不可掩蓋的，但當我們抽絲剝繭、撥開聖人的光環後，會驚奇地發現，在「偉大冒險家」讚揚聲的背後，其實掩蓋著一隻醜惡、貪得無厭的怪獸。

在西印度群島擔任總督時期，哥倫布在北美各地建立據點，並大肆掠奪原住民的資源，開啟了殘忍統治印地安人的先河，在他任職期間，印地安人被近乎於屠戮地殺害殆盡，哥倫布曾下令採取兩項措施：

(1) 武裝摧毀文明：哥倫布為方便獲取當地資源，帶著先進的洋槍和戰馬，摧毀所有反抗他們的原住民，印地安人原有約八千萬人口，但經過兩個世紀殘酷地掠奪和屠殺後，印地安人僅剩下一百多萬。

(2) 斷絕印地安人的食物：印地安人以狩獵為生，美洲野牛是他們補充營養的主要來源，在哥倫布摧毀大部落後，小部落們東逃西竄，哥倫布為了完全摧毀印地安文明，開始大肆獵捕美洲野牛，使美洲野牛近乎絕種，剩餘的印地安人沒了食物來源，只能慢慢等待死亡。

除此之外，哥倫布還幹過非常多的事情，比如販賣奴隸、虐待戰俘、將天花傳染至美洲……種種黑歷史多不勝數。歷史是一面鏡子，隨著角度的不同，也會反射出不同樣的看法，關於哥倫布的人格缺陷，讀者可能略有聽聞，但卻鮮少深入探究，正是因為其反社會人格都被他的耀眼功績一同「政治性掩蓋」掉了。

哥倫布的行前準備

說起哥倫布的航海史，就必須回顧到一四八六年，當年哥倫布已經五十歲了，但其人生庸庸碌碌，毫無成就，據歷史資料顯示：哥倫布在當上船長前的資料就像是一團謎般，他既沒有名聲，也沒有什麼值得一提的工作，只擔任過放羊小弟、賣奶酪大哥、以及船上雜工之類的小職。然而在哥倫布功成名就時，他聲稱自己在發現美洲前就當了三十多年的水手，且早在十歲時就出過海。不過後世的史學家把他的臉給打腫了：他在二十多歲才出過海，而且是為了生計而不是夢想，出海時的職位僅是一名傭傭。

過完五十歲生日後，哥倫布不知為何突然對航海產生了極大興趣，開始向西班牙國王、女王申請公費出航，證實往西航行能夠抵達日本（理論上來講是不行的，但當時歐洲人還尚未知道美洲的存在）。當然，哥倫布當時只是個無名小卒，西班牙國王一看這申請書根本懶得回覆，予以已讀不回，不過哥倫布很有毅力，被無視後依然不放棄，每天撰寫申請書，把西班牙國王的信箱給塞爆，又利用國會派系的矛盾關係，讓一部分黨派支持自己航海，請他們時不時吵吵國王，要國王跟著一起支持。六年之後，西班牙王室再也受不了哥倫布的騷擾，答應他的要求。

歷史學家埃德蒙．摩根曾說：「哥倫布不是一個專業人士。」沒錯，哥倫布並不是一位合格的專業航海家，他的地理和算數都非常不好，哥倫布對世界地理有著獨到的見解，為了將來航行順利，他曾經找尋一些地理、數學書籍閱讀，學了幾個月後，他自認自己深通世界地理了，聲稱歐洲地理學家都是垃圾、都是錯的！歐亞大陸面積算得太小了，應該比地球的一半要再大，且地球周長應該是三萬零兩百公里！（事實上正確值為四萬公里）最後莫名其妙算出：只要航行兩千七百英哩就可以到達日本囉（實際上從西班牙到日本最東邊是一萬三千英哩，也就是兩萬一千公里）。

哥倫布幾乎否定了當時所有最先進的科學地理成就，令人咋舌的是，他唯獨對一篇與小說相差無幾的地理參考教材視若珍寶，那就是著名的《馬可．波羅遊記》，據歷史學家考證，《馬可．波羅遊記》是由馬可．波羅口述，由浪漫小說出身的作家魯斯蒂謙在旁紀錄而成，在口述以及浪漫文筆的雙重作用下，《馬可．波羅遊記》的可信度十分低。

哥倫布的初次航行

一四九二年八月三日，哥倫布帶著八十七名水手離開了歐洲，朝向未知的西方海域前進。他們整整在海上航行了兩個月零九天，途中可謂歷經艱辛，有次大洋無風，船隻一整天跑不到一公里，許多水手十分恐懼，甚至暗通其他水手聯合殺死哥倫布，但機靈的哥倫布很快便知道了這檔事，召集水手言道：「我知道大家都很恐懼，我本人亦然，我們再航行幾天，如果沒發現島就掉頭，你們說好不好？」殺死船長畢竟是不名譽的，下半輩子還可能因此流亡海外，這群水手見其信誓旦旦，只能說好。沒想到過了期限後，哥倫布又說：「我們離夢想又更近了！再給我幾天，如果沒發現島就掉頭，你們說好不好？」這種言論反覆持續好多次了，正當哥倫布在艦上漸失威嚴之際，他終於找到了睽違已久的陸地。

這位妄人的運氣還真是不錯，雖然沒找到日本，卻誤打誤撞地來到美洲新大陸了，喔不，他登陸的地方並不是真的美洲大陸，是佛羅里達旁的小島，名叫瓜納哈尼。也許是哥倫布徹底餓昏頭了，下船後竟然使用西班牙文，對語言不通的原住民問道：「這裡是日本的其中一個島嗎？」原住民答不出來，哥倫布還因此生氣了。更令人咋舌的是，由於他算數奇差無比，抵達這個瓜納哈尼時，哥倫布竟以為他還在北緯四十二度（也就是西班牙的緯度），但自己其實往南偏移了兩千兩百多公里。

最後，哥倫布下了結論，認為自己來到了印度了。把這群喜歡在頭髮上插羽毛的原住民稱之為印地安人（indio），也就是西班牙文的「印度人」，後來大家發現美洲原住民不是印度人後，亞洲國家為了不搞混雙方，改把美洲原住民稱為「印地安人」（居然不直接換整個名字，真是太給哥倫布面子了）。

哥倫布帶領白人踏上小島前已經斷糧許久，哥倫布瘦得跟一把蔥一樣，毫無心機的原住民生了同情心，把他們當成貴客款待一番，據哥倫布回憶：「其他人，無論男人還是女人，都大聲喊道：『來看看那些從天而降的人，帶上食物和飲料來吧！』」之後就是一頓大宴，火雞肉、馬鈴薯泥、鮮魚鮮肉一應俱全，他們另外還送給哥倫布一大份糧食，讓他們可以安然返航。然而回航後的哥倫布居然毫無感謝之意，仗著原住民的善良，在航海日誌（一四九二年十月十四日）這麼寫道：「我應該征服他們，只要五十個人，我就可以隨意統治他們。」

史上最殘忍的探險家

哥倫布不是一個普通的探險家，他之所以冒險，不僅是因為證明自我，也是為了達成自己的金錢目的。哥倫布很有所謂的「經濟頭腦」，而在於他除了探險之外，歸國後整天盤算著計劃，計畫該怎麼奪去原住民們財富、奴役他們的勞力。

五年後，哥倫布再次踏上了這片土地，這次原住民依然捧著魚肉準備前來款待他們，但迎來的不是深懷感激的水手們，而是全副武裝的士兵，他們像是進到無人之境，一下船便毫無顧忌地開始搶劫、殺人放火。有目擊者記載，戰敗重傷的原住民戰士被當作獵犬的活狗糧，被吃心挖腸的慘叫聲不絕於耳，他們還把抓來的原住民當成奴隸，強制他們做苦力，一言不合便是一頓毒打。不知道是誰出的餿主意，竟然把潛逃未遂的原住民釋放，再派出獵狗追逐他們。

最終，哥倫布把他們的財產掠奪一空了，卻還想榨乾他們的血水，將殘留下的原住民趕上了船上，鎖在陰暗潮濕的甲板下面，一船船地運到市場，男的當作奴隸，女的當作洩慾工具。西班牙歷史學家康薩洛．瓦雷拉曾對此表示：「哥倫布政府的特徵就是暴政。即使是誰想擁護他，也不得不承認已經發生的暴行。」

返航時，哥倫布的心情異常愉快，在航海日誌這麼寫道：「就像買賣莊稼一樣，一百個西班牙幣就能買到一個美人兒，這種買賣非常普遍。有無數商人求購姑娘，特別是那些九至十歲的小美人兒們供不應求。」

一位哥倫布的船員在他的記錄中透露出了原住民女孩的可憐遭遇：「來自哥倫布獎賞的加勒比女孩全力反抗時，他（船員）無情地痛打她並強姦她。」另外還有一位女人不小心提到哥倫布在當船長前的身分地位不高，結果就被扒去衣服，騎在一頭驢上遊街示眾。這一樁樁事件都是毫無良知的惡魔才能做得出來的事。

從此之後，美洲原住民的平靜生活徹底地改變了，疾病、戰爭、課稅等災難接踵而至。哥倫布後來又發起了另外兩次大規模「探險」，將武裝船隻駛向其他小島以及大陸，所到之處人口急遽減少：一部分是外來的疾病，當地人沒有抵抗力，或是很難抵抗；另一部分是無情濫殺，不論是女人、孩童或老人，各地村落的居民一個接著一個慘死刀劍之下，更被稱為世界上歷時最長的種族屠殺。海地的阿拉瓦克人曾試圖反抗，但在缺少戰爭經驗的情況下，起義馬上遭到撲滅，投降者也全被絞死或被燒死。當地人不願死於敵手，絕望之下，他們開始大規模自殺，就連嬰兒也不例外。哥倫布登岸後的十年內，阿拉瓦克人已經在海地徹底絕跡。

在哥倫布的大肆掠奪下，北美原住民迎來了史無前例的毀滅，據保守估計，在哥倫布開始大開殺戒（一四九三年）至西班牙征服兩大文明（一五四〇年）的短短不到五十年的時間，因為疾病、屠殺、飢餓、奴役致死和非正常原因死亡的原住民就有五百萬之多，而當時北美洲所有的原住民只不過一千到兩千萬，曾經興盛一時的阿茲特克帝國、印加帝國接連滅亡，更是讓原住民失去了唯一能保障他們生命安全的政府。

他們留給歷史一片無盡的色彩，而歷史留給他們的，只有悄然的死亡。

諷刺的是，至今美國仍將十月十二日訂為哥倫布紀念日，以紀念旨在歌頌哥倫布靠著「信仰精神」發現美洲大陸的豐功偉績。但對印地安原住民來講，紀念這天就像是傷口撒鹽一樣，十月十二日正是祖先受到外來民族暴力統治的起始點，是印地安民族受到連續四百年不平等侵凌的開端。

每到紀念日當天，會有諸多原住民聚集在白宮門前訴諸不滿，並拉起白布條抗議，這使美國政府逐步減少了哥倫布日的慶祝活動，有些人認為這種訴求有做跟沒做一樣，歷史已經發生了，再也無法挽回，如果再去爭取這些已經無法彌補的事件，到底有什麼用處呢？但其實是有用的。歷史既已經發生了悲劇，我們能做的事雖然有限，卻能撫慰受害者的冤魂，使一個長期遭受欺凌的民族冤屈得以伸張。

老師不好意思教的

明熹宗

——不務正業的**木工皇帝**明熹宗

你知道史上第一張**折疊床**是誰發明嗎？

3

世界奇葩史

說起大明帝國，你的第一印象是甚麼呢？俗話說「外行人看熱鬧，內行人看門道」，就表面上來講，明朝的歷史地位可謂是舉足輕重，他的統治時期正臨西學東漸的初期階段，科學和文化上都有著極大發展，話本小說、景德鎮的瓷器、鄭和下西洋、火器成熟化……無數的創舉都在這個時代展現出來。不過假如稍微撥開顯足進步的光環，讀者便會了解，大明之所以能夠富強一時，絕非因為皇帝認真上進，相反地，有些皇帝甚至會在政治上扮演著拖油瓶的角色。

與大多數讀者所想像的「勵精圖治」不同，明朝從開國皇帝朱元璋開始，出了好幾代非常「奇葩」的皇帝，明朝雖然在許多方面有著極大的進步發展，但這可不能歸功於皇上，說實在，正如近代武俠小說之代表的金庸所說：「明朝是中國歷史上最專制、最腐敗、統治者最殘暴的朝代，到明末更成為中國數千年中最黑暗的時期之一。」明朝歷史幾乎可以用惰政、宦官、外戚三句話來蓋過。而在諸多怠政皇帝中，有一位皇帝特別突出，他可以說是與宋徽宗、李後主並稱為「中國三大浪費才能皇帝」的奇葩人物，與其他明朝皇帝不同，他並不無所事事，也不貪財好色，每天總是忙得不可開交，但卻不是批改奏摺，而是專研木匠技術……他的名字叫做朱由校，他又有一個更為人熟知的名字：明熹宗。

宅男明熹宗

宅男的定義很廣，沒有特定的標準，明熹宗不但喜愛手工藝品，自己也癡迷做手工，可以說是比宅男還更宅。他剛繼位時朝廷情況很糟，外有金兵侵擾，內有明末起義，正是國難當頭，內憂外患的時期。明熹宗卻不務正業，整天待在木工坊與斧子、鋸子、刨子打交道，只知道製作木器、蓋小宮殿，將國家大事拋在腦後不顧，成了名副其實的「木匠皇帝」。

其實，明熹宗之所以喜愛鑽研這些小玩意兒，而不去放眼天下，與他的童年很有關聯，他從小經歷曲折、備受冷落，作為皇室成員的他，在年幼之時就得承受昏庸黑暗的政治捉弄，一直缺少父愛和母愛，導致長大後個性懦弱，仍與小孩無異，不理朝政，只知道嬉玩，而且對奶媽客氏極其依戀，害怕、無聊、壓力過大的時候經常召奶媽入朝，當著文武百官的面前吮奶。後來基於這層依賴關係，客氏的曖昧對象——太監魏忠賢才得以在朝廷上作威作福、狐假虎威。

明熹宗的爸爸明光宗是著名的好色之徒，繼位一個多月就因為縱慾過度死掉了，不過明熹宗卻不好女色，原因大概有二：一是他實在太醉心於當他的木匠，二是他是一位標準的怕老婆男人，最怕他的女人們對自己叨唸了。明熹宗的個性類似於現代的宅男，個性單純、不擅長與人對話、性格害羞內向、很不會打扮自己（比起煞氣的龍袍，明熹宗更喜歡粗俗的木工匠人裝，因為龍袍的長袖子會阻礙他做工的興致）、對異性的溝通力很差、沒辦法處理大事、但在某些需要用心鑽研的小事務上卻特別用心。要是放在今日，明熹宗肯定會被貼上御宅的標籤，不過人家雖然很宅，至少沒有廢寢忘食，每天沉迷在一些不可描述的事情上，對中國木工界的進展來說，明熹宗的貢獻簡直足以讓他成為神明供奉了。

明熹宗的個性害羞，上朝和官員說話總是支支吾吾，毫無帝王之風，而且在公共場合很常不知所措，搞不清楚他們到底在討論些甚麼。也許是太不得官員的喜歡，明熹宗後來乾脆不當皇帝了，把全部精神放在了木工上。他的眼光異常伶俐，生活間缺少什麼玩物，少了哪些刺激，他便會親手製造、親自使用。除此之外，明熹宗還會進行反向工程，他連拆解都不用，只要稍微把玩一下木器，馬上就能畫出藍圖，複製出一個同樣精緻的木器出來。如果明熹宗生在現代，很可能成為一位驚天動地的發明家，他的許多發明創造不僅符合市場需求，還頗符合人性化之考量。

明熹宗的高科技結晶

聰明的讀者讀到此處，肯定會想問：「明熹宗這麼會木工，那他的日常生活用品肯定也是他自己做的吧？」確實是這樣，就連他的御床也是他自己所製。當時中國尚未發明出可以摺疊的床具（唐代傳來的「胡床」根本不是床，而是摺疊椅），匠人製造的床具極其笨重，需要十幾人才能搬動，不僅用料浪費，而且樣式也極其普通。明熹宗自己設計圖樣、鋸木釘板，打造出了中國歷史上第一張折疊床，此床最神奇之處在於沒有使用一根釘子，是由完整的木材製作而成，只需稍微擺弄機關，便可以將床摺疊成一半的大小，明熹宗在床的周圍刻上雕花，不但減輕了重量，還讓摺疊床增添許多美感。

話說，現今人們討論宅男特徵，愛組模型也總是宅男的刻版印象之一，可惜當時還沒有鋼彈出現，明熹宗便退而求其次，使用木材雕刻人偶，他雕琢的小木人有男有女，極具神態，且動作亦惟妙惟肖。朱由校曾派遣太監將他的作品拿到市面上去出售，世人都以高價購買。朱由校更加高興，做木工往往到半夜也不休息，並常令身邊太監做他的助手。

除了創造外，明熹宗對漆工也很在行。從配料到上漆，他都自己動手，龍袍被油漆給沾到了，明熹宗也不惋惜，直接把龍袍脫下來放著，打著胳膊繼續油漆。不過如此愛好木工，也為王權政治製造了許多政治盲點，大宦官魏忠賢總是趁明熹宗玩木工時前去打擾，熹宗不願意丟掉木工去辦事，總是隨口說：「好啦我知道了，你自己去處理吧。」魏忠賢靠著這個小聰明，逐漸專擅朝政。

據說明熹宗還想把紫禁城加裝無人火器，假如有竊盜者、反叛者、刺客不慎踏入某個區塊，那火器便會自動發射，將他打成蜂窩，不過當時火器科技還尚未成熟，很容易失靈，一次明熹宗貪玩，請託魏忠賢從神機營調派一批火器來京城，熹宗興匆匆地拆開木盒，拿起火銃填裝火藥把玩，結果因不熟槍械，還沒扣準板機，便意外走火，差一點傷到自己，明熹宗嚇得屁滾尿流，之後便不把發明動到武器上了。

中國歷史上最早的雪橇

中國華北地區每到冬季，湖面便會結成一層嚴實的冰，不僅厚實而且光滑無比。明熹宗某日處在宮內百般無聊，命令一群太監隨他一起出去玩雪，經過冰池時，他被冰池的光滑表面給啟發了，回去後他馬上操刀，親自為自己設計一個小拖床，這東西堪稱是中國歷史上最早的雪橇，外表被漆成高調的亮紅色，內部小巧玲瓏，只能坐得下皇上一人，底下為減少摩擦，安置了一個木板片，頂處有防止積雪而搭建的頂篷，前後設有掛繩的小鉤。

這個雪橇可不一般，一般來說雪橇是用麋鹿或是馬匹作為前進動力，明熹宗卻是用太監作為前進動力，他們拉著明熹宗快速奔跑，明熹宗在拖床上有如賽車選手，直線加速、大幅度轉彎、側滑甩尾，玩得不亦樂乎。

除了折疊床、雪橇等新興發明外，明熹宗還發明了中國最早的噴泉，宮中的人都稱它「銅缸水戲」，這在當時可是天下一絕。原本銅缸、木桶是用來給宮中人物盛水飲用的，明熹宗有天興趣使然，就在這些盛水的容器下方鑿一個小孔，並在裡面設置機關，機關一操作，缸中的水就能噴湧出來，明熹宗將泉池水面放置許多小木球，木球浮在上頭，隨著噴泉而跳躍不已。每當開啟機關前，明熹宗便會邀請他的妃子們圍繞在噴泉周圍一起觀賞，隨著泉水噴湧，妃子無不拍手讚歎，對皇帝欽佩不已。可惜後來清兵入關，將明朝的好多史料、文物給破壞了，我們再也無從得知明熹宗的銅缸水戲到底是用甚麼原理運作了。

宮殿改造王

一五九七年，紫禁城的皇極殿毀於火災，那時候執政的人是萬曆皇帝，他對這檔事毫不在意，反正燒了就燒了吧，場地換其他地方就好了。

明熹宗早在童年時期，就對這棟黑矇矇的建築十分關切，他幾乎是看著這片廢墟長大的，在做皇長孫的時候，曾經表達過想要重修宮殿的想法，可惜萬曆皇帝因陋守舊，不願做出改變。後來他上任皇位後，終於實現他多年以來的夢想。在執政的第七年，明熹宗策畫對太和殿、中和殿、保和殿三殿進行大規模的重建，此三大殿位於紫禁城中央，是皇宮中最重要的建築，也是皇權威嚴的重要象徵，若是沒有一點工程基底，真沒有辦法執行重建，明熹宗卻毅然扛起整項工程的運作，他親自參與藍圖設計、並主動召開討論會議，等到開始動工後還不放心，跑到工地中大顯身手，從起柱到上樑，再到外部裝飾，都親臨現場，仔細指導，高興了就當場脫掉外衣，捲起袖子，和工匠們一同做事。

等到三大殿重建完畢後，明熹宗依然尚未盡興，他在宮中興建一些小巧別緻的房屋，內設精密的機關。建成後他總是高興得手舞足蹈，找來身邊的人一起欣賞。時間一長，他匠藝技術更好，看不慣以前的舊工藝了，就立即派人毀掉，再重新建造更精緻的花樣。

除木工外，明熹宗還喜歡踢球。中國足球歷史淵遠流長，早在戰國時期就已經有些雛型了，並在各個朝代中發展演進，逐漸完善體制，但是到了明朝初年時，開國皇帝朱元璋不懂「蹴鞠」的好，只知道這遊戲很容易沉迷，所以下令官吏禁止蹴鞠，還說「鞠圓者卸腳」，也就是假如你敢踢足球，那就把你的腳砍斷。

不過，好玩的東西就是好玩，怎麼禁都是徒勞無功的，朱元璋死後蹴鞠又開始流行了，明代中後期，蹴鞠很流行於貴族與官吏間，其中許多貴族與官吏過度沉迷於蹴鞠，而荒廢了自己應盡的職務，明熹宗也跟上了這個「潮流」，常與太監在長樂宮踢球取樂。後來明熹宗覺得宮殿場地太小，玩起來不過癮，就親手設計建造了五所蹴圓堂，將場地用夯土填實，以免走起路來塵土飛揚；接著又在四周蓋上高高的圍牆，使其不至於踢出界線，還有，在兩端個別設立半圓形的「鞠室」，也就是的我們現在所說的球門。

明熹宗會玩動的，那靜的也當然愛玩，明熹宗很喜歡聽別人唱戲，聽戲最需要講求的就是聚精會神，要是旁邊有聲音干擾，那便會擾亂觀看者的興致，使其出戲，明熹宗是個典型的電影迷，為了好好看電影，曾在懋勤殿裡設置了一個四周封閉的地底密室，據說此地音質極佳，免除一切外界雜音，若是一個人待在那，連心臟的跳動聲都聽得出來。明熹宗以後都在那裏聽戲了，戲班子唱歌時發出的陣陣回音，就像是教堂裡的歌聲般悅耳。

有時候明熹宗覺得戲劇演得太爛，不能盡興的時候，他便會趕走演到一半的演員，帶著太監們登台亂入，親自扮演趙匡胤，演出《宋太祖雪夜訪趙普》的故事，戲中人物穿著皮裘大衣，明熹宗就穿著皮裘大衣，戲中人物要對趙普畢恭畢敬，明熹宗就對太監扮演的趙普畢恭畢敬。也不知道那名太監演員，在面對當今皇上對自己鞠躬作揖時，內心到底做何感想。

還有一次，明熹宗邀請大太監魏忠賢前往密室觀看戲班，魏忠賢不明就裡，只好答應，沒想到當天戲班上演的是《金牌記》，是十二道金牌召回岳飛的故事，當天正好演到《瘋僧罵秦檜》章節，明熹宗就特別在這節骨眼邀請他過來。魏忠賢位子還沒做暖，就已是滿臉通紅、羞憤不已，他隨便找了理由逃出來，明熹宗卻故意命令戲子先停下來，派人去找魏忠賢，一定要讓他到場再演。由此可知，明熹宗雖然不務正業，但也不是真的糊塗，他雖然對權傾一時的魏忠賢無從管制，但深知其殘害百姓、十惡不赦，總是喜歡不經意挫挫他的銳氣。

明熹宗之死

天啟六年初夏，明熹宗與魏忠賢、乳母客氏於西苑湖上遊玩，當天天氣似乎不大好，風特別大，魏忠賢與客氏都不敢下水，只有貪玩的明熹宗帶兩個小太監，親自划船嬉水，沒想到小舟駛至湖中央時，突然被一陣大風打翻，三人不幸跌入水中，兩個忠心的小太監為了救皇上，都溺水身亡了，只有明熹宗本人得救。但他受此驚嚇，身體大不如前，加上服用仙丹，不但沒讓他變得更好，還使其惡化出併發症，渾身水腫、流膿流瘡，看起來就跟米其林寶寶一樣。

一六二七年九月，明熹宗被病情折磨了兩個月後終於病逝，年僅二十三歲。

明熹宗的歷史評價

明朝朝中奸臣當道，能稱得上是合格的政治家的皇帝寥寥無幾，明熹宗死後，崇禎皇帝登基，剷除了以魏忠賢為首的宦官集團，再次啟用東林黨人，壞人得以消滅，正義得以伸張，但是此刻的大明王朝已經被魏忠賢折騰的積重難返，縱使崇禎皇帝勵精圖治，但也無力回天，明朝最終走向亡國的厄運。

不過，縱使明熹宗在政治方面處理得一蹋糊塗，我們也不得不承認，他在木工界的貢獻是十分高的，他是一位偉大的宅男，專心於自己的興趣到了廢寢忘食的地步，中國歷史上第一張折疊床、第一台雪橇、第一座噴泉，以及第一座考量隱藏雜音的戲院。都是由他一人發明出的。

只可惜明熹宗生在帝王家，被禮數給制約了，人們不想知道他在木工界的成果有多高，只想知道他有沒有勤奮工作，一知道他不批改奏摺，便蓋棺論定他是懶惰的爛皇帝，明熹宗打從心裡不想當皇帝，他只是想用自己的雙手，來改變人們的食衣住行，換取他所渴求的掌聲。哀痛！如果他是個木匠，那死後很有可能被人供奉成木匠神，可他偏偏是皇帝，「不務正業」、「怠政皇帝」的帽子也這麼永遠的扣著他不放了。

4

咖啡好苦！**一定有毒！**

古斯塔夫三世

——古斯塔夫三世的**咖啡實驗**

以現今的角度來看瑞典，肯定會覺得瑞典只是個歐洲配角而已。瑞典不但地處邊緣，還跟歐盟瓜葛不多，多數人之所以知道他的存在，僅因兩個原因，一是他們的家具外銷得很好，一種是他們的傳統美食瑞典肉丸遠近馳名。

不過，要是你以為瑞典處事低調，你可就大錯特錯了。別看她現在存在感不高，歷史上的瑞典可是比現在霸氣很多，他們曾是北歐最強的軍事國家，西邊拳打德意志，東邊腳踹俄羅斯，就連法國、英國也不敢招惹他。而帶領瑞典走向這條富強之路的首要功臣，正是歷史上赫赫有名的君主——古斯塔夫三世。

腐敗的貴族議會

古斯塔夫出生於一個十分富裕的家庭，他的父親是國王阿道夫．腓特烈，母親是普魯士國王腓特烈大帝的妹妹，要權有權，要錢有錢，不僅吃穿不愁，還能享受全國最高等的教育，可謂是活脫脫的人生勝利組。

然而，儘管出生在這麼一個家庭，古斯塔夫卻不開心。為什麼呢？因為他本來擁有的東西可以更多。

自從一七一八年始，瑞典國王的權力已經大不如前了，一群貴族打著國家議會的旗號控制了瑞典政府，國王成了沒有實權的花瓶，而貴族又因為政治能力不足，使國內陷入了腐敗遍地的泥淖境地。古斯塔夫軟弱的父親和祖父不敢對貴族吭聲，沉默地接受傀儡的角色，在貴族制定的政治體系下繼續框限自我，但是古斯塔夫可不願意繼續蜷縮在角落，他從小在這些精明人物之間鬥爭之下長大，深受權貴間的愚弄以及凌辱，是最明白貴族政治弊端的人。

古斯塔夫小時候便和其他人不一樣，當他的兄弟姊妹都在讀書時，他卻一頭栽在話劇中無法自拔，特別是那些參雜複雜情感的八點檔戲劇，小古斯塔夫最喜歡了。他的親戚們都覺得古斯塔夫太懶惰，簡直沒救了。但是奇怪的事情就在，古斯塔夫在話劇上學到的知識，遠比其他兄弟姊妹多。

戲劇的愛好使古斯塔夫學會了掩蓋自己的真實情感，養成了欺騙和掩飾的習性，他可以隨時控制面部表情與語調，就像是擁有千百萬個面具一樣，想要悲傷，就可以痛哭流涕，想要快樂，就可以驚喜欲狂，這對於他之後的政治生涯中幫助很大。

一七七一年，古斯塔夫的懦弱爸爸終於病死了，他強忍下心頭的雀躍之感，假惺惺地擠出兩行眼淚。在古斯塔夫的精心策劃下，他把自己塑造成一位堅決擁護貴族的人士，和手握大權的貴族們熱烈交涉，又跑到瑞典議會，表示「保證會支持貴族議會的任何一套政策，延續先王的政策。」這樣一來，掌握關鍵大權的貴族，便放心讓他繼承王位了。

古斯塔夫確實學以致用了，他將對王權復興的渴望藏在深處，成功騙倒了所有瑞典貴族。等到正式登上皇位後，古斯塔夫開始展露出他的政治野心，他在無聲無息中控制了所有關鍵的行政官員，確保了軍隊對他的支持。又利用貴族彼此間的階級矛盾解散議會。等到古斯塔夫繼位滿半年後，貴族掌握的權力已然被古斯塔夫盡數收回，他成為了一位實質意義上的君王。

儘管疏遠了貴族，但真正有才華的君主，無論走到哪裡都會有人擁戴的，古斯塔夫推行了一系列經濟改革、土地改革、廢除了苛刻的刑罰、提倡新聞自由並且實行宗教自由的政策，讓資產階級和下層民眾都擁護他。國內上下一體，萬眾一心，瑞典迎來了前所未有的盛世。

後來，俄羅斯為了和瑞典爭奪海權，打了一場「大北方戰爭」。這一打下來，俄羅斯才知道原來瑞典早已經不是當初的瑞典。古斯塔夫親臨前線指揮芬蘭戰役，共殲滅俄國五十三艘戰艦，相當於一半的軍艦數量，是瑞典海軍獲得自成立以來的最大一次勝利，俄國此時早已被戰爭弄得焦頭爛額，財政赤字，他們甚至要將聖彼得堡的教堂鐘全部拆下來鑄成大砲，才能勉強應付瑞典大軍的攻勢。

古斯塔夫最終引導瑞典度過混亂時期，贏得了西歐各國的尊敬。也靠著這場戰役，把少數還擁有權力的貴族都給收拾了，運行將近一個世紀的貴族政治制度從此一蹶不振，不過古斯塔夫並沒有把他們給鎮壓殆盡，他認為把對手打殘就可以了，沒必要打死。古斯塔夫的憐憫，也為他將來的死亡埋下伏筆。

才華洋溢的君王

無庸置疑，古斯塔夫三世是一位傑出君主。他的政績比那時代的所有君王都還多上許多，而在生活方面，古斯塔夫也別有情趣，任何事物都要碰一下才甘願，他生平做過的以下幾個特別事蹟：

(1) 他是一名文學家：古斯塔夫很會寫文章，在歷史方面也玩出了花樣，那時候史學家的個性很古板，寫文章時只會把事情給簡單敘述一次，比如幾年生，幾年死，以及朝政上做過什麼功績，至於在感情、心情、八卦方面則是一片空白，古斯塔夫對這種寫作方法很感冒，他自創了一套寫作方式，將情緒色彩帶進裡面，讀起來熱血沸騰，讓人想一頁接著一頁讀下去。

(2) 他是一名劇作家：古斯塔夫從小喜歡戲劇，長大以後乾脆以政府的名義，創建了一所大型王家劇場，上演一些自己編寫的歷史劇，他在過程中提拔了不少歌手和演員。在王室的鼓勵和庇護下，瑞典迎來了文學藝術的全盛時代。

(3) 他是一名共濟會成員：近幾年因為網路媒體的傳播，很多人都開始研究起這個神秘而龐大的組織，關於共濟會的陰謀論也逐漸增多了。撇開一些偽史不談，其實共濟會並沒有想像中的淵遠流長，十八世紀時，現代共濟會才正式出現，起初他們不是什麼陰謀策畫團體，而是近似於成功人士的交友團體，他們會不定期舉辦高級俱樂部聚會，內容就跟大學聯誼一樣，不是交朋友就是吃東西，或是玩一些稀奇古怪的遊戲，有時他們也會談論改革社會、哲學思想、政治局勢，總而言之，就是階層很高的交友社團。古斯塔夫也參加了共濟會，並把共濟會引進了瑞典。也是在一七八〇年，他任命他的弟弟卡爾王子擔任瑞典共濟會的領導。

除此之外，古斯塔夫還有一個令人哭笑不得的事蹟，那就是推動禁飲咖啡的法案。

我審判你最重大的酷刑……喝咖啡！

我們現在一想到酷刑二字，腦袋大多會浮現出一個昏暗不見天日的牢房，裏頭擺滿各式各樣稀奇刑具的樣子，然而十八世紀的瑞典，發生了一件罕見的酷刑，既不痛苦，也不昏暗，與我們普遍想像的樣子有很大的差異。這個刑罰叫做：喝咖啡！

為什麼喝咖啡會變成一種酷刑？這其中是否有些誤會呢？

其實，這與一場商業陰謀有關係。

在古斯塔夫繼位的一百年前，咖啡開始在瑞典流行了起來，並在上流社會中深得青睞，大城市中隨處都可見到的咖啡業的飛速發展，咖啡也成為許多富有市民舉辦沙龍聚會時，不可缺少的一項寶貝。

不過所謂幾家歡樂幾家愁，咖啡貿易商賺得盆滿鉢滿，其他飲品的市場就開始減退了，紅茶的貿易量尤其影響最大。一些紅茶商人不滿咖啡搶走自己的市場，紛紛造謠咖啡有毒，會讓人死翹翹，一時間讓大眾人心惶惶，人們紛紛丟掉了剛買來的咖啡杯，繼續喝著紅茶，好不容易傳來的咖啡，就這麼在惡性的商業陰謀下，斷送了未來的去路。當初中國醬油傳入歐美國家時，賣胡椒、肉桂的調味料商人也曾造謠抹黑醬油有毒，好讓自家調味料的市場不被搶走，只能說，商人的思考模式總是一樣機靈。

咖啡有毒的都市傳說一直流傳了一百多年，到了古斯塔夫執政時期，包括國王在內的所有民眾依然認為咖啡有毒。古斯塔夫對食品方面十分執著，不僅要求三餐豪華鋪張，還得避免讓他吃到不愛吃的東西，當他的下屬得很小心，不僅得會處理政務，還得仔細打聽古斯塔夫的餐飲嗜好，免得被炒魷魚。

比如在皇宮內，每個人都知道古斯塔夫最愛喝紅茶，他認為這是世界上最好喝的飲料，經常在飽餐一頓後喝上一杯紅茶，以解決肚子的脹氣感，至於咖啡，如果想被扔到監獄就送上來吧，古斯塔夫看到咖啡就跟看到鬼一樣，他上任後甚至特別發布了一道皇家詔令，禁止部份人民飲用咖啡，並大幅抬高咖啡徵稅，交不起稅的人被處以罰款並沒收咖啡杯，不久後，咖啡消費即被完全禁止，就算你是貴族，也買不到了。

所謂「食不厭精，膾不厭細」，君子吃的每一份餐飲，最好都要講求精細，這是自古已然的道理，但古斯塔夫卻矯枉過正了，他討厭的東西，便想讓它永遠消失，卻不知道他不喜歡的東西，別人不一定討厭啊！古斯塔夫或許也有感覺自己禁止咖啡無憑無據，可能會讓人不服氣，為了合理化自己的行為，他試圖證明咖啡危害公眾健康的真實性，決定下令一項史無前例的人體臨床實驗計畫——古斯塔夫三世的咖啡實驗（Gustav III of Sweden's coffee experiment）。

名稱聽起來很厲害，內容卻挺簡單的：古斯塔夫抓來兩名罪大惡極的雙胞胎刑犯，將他們各別關到獨自的牢房中，一人每天喝三杯茶，另一位則是三杯咖啡。看看幾天以後，喝咖啡的才會死掉。

按照古斯塔夫的想法，咖啡喝幾天後肯定會突然暴斃，屆時再昭告天下，咖啡便可以永遠地消失在國土之上了。但事情不如他所願，日子一天天過去，喝茶的看起來沒什麼異狀，倒是喝咖啡的精氣神變得比以前好很多，古斯塔夫拿到實驗結果，還是不相信咖啡沒毒「哼！喝咖啡的只不過是迴光返照罷了，我們走著瞧！他很快就會死翹翹了啦！」

這個實驗進行的遠比預期中久，原本預計一週就會完成的實驗，被迫延後到一個月，半年，一年，三年，五年，十年……到了第四十六年時，古斯塔夫以及兩位負責紀錄的醫生接連過世，但雙胞胎兄弟仍無憂無慮地活著。根據文獻記載，這場實驗持續了六十多年才結束，喝茶的那位先過世，享年八十三歲，至於喝咖啡的那位，瑞典政府已經遺失確切資料了，有人說是八十多，也有人說是九十多，總而言之很長壽就是了。

實驗揭曉之後，普遍大眾對於飲用咖啡再也沒有顧慮，咖啡重新在市場上浮現。不過身為實驗發起者的瑞典王室還是不相信咖啡沒有毒，曾多次嘗試復興咖啡禁令，但大眾不是笨蛋，才不跟你玩呢！只要一項產品好用，沒有太值得詬病的缺點，那麼怎麼禁止都只是徒勞無功！瑞典的咖啡禁令一直到十九世紀二〇年代才完全解除，貿易商的你來我往卻從未斷絕，如今瑞典已經變成世界人均消費咖啡最多的國家之一。

事實上，如果不把骨質疏鬆的缺點算進去，喝咖啡對人體的健康是很有益處的，東京大學和國立癌症研究中心曾宣布了一項研究結果：「習慣喝綠茶或咖啡的人，因心臟病或中風死亡的機率較低」，此外，咖啡含有大量的綠原酸，可以幫助血液順暢流通，整體看來可謂是利遠大於弊啊！

古斯塔夫最後的化妝舞會

自大北方戰爭爆發後，古斯塔夫對內展開一連串的政治改革，將瑞典的國力推到頂峰。與此同時，他和那些瑞典貴族階層之間的牴觸也越來越多，他的偉大改革，屢屢觸碰了貴族的利益，也因為這個，他最終成了階級的犧牲品，當國內各種矛盾匯集在一起時，古斯塔夫生命終於走到終點。

越是雄才大略的君主，晚年越容易驕奢淫逸，古斯塔夫執政後期也變得頗為自大，喜好盛大排場，簡直跟乾隆晚年一樣了。或許是因為熱愛歌劇的關係，他尤其喜歡舉辦化妝舞會，這種派對在當時很流行，每位參加者都要戴上面具跳舞，在彼此都不認識的情況下，選擇一位異性的舞伴跳舞。有人奉勸古斯塔夫別這麼做，這樣一來如果有政敵化妝進入，那誰都無法察覺，但古斯塔夫認為：既然我找不著他，那他也應該找不到我才對，更何況皇宮戒備森嚴，怎麼可能殺到他呢？

一七九二年三月十六日，古斯塔夫三世一如往常，準備參加晚上的化妝舞會。離開房間前，他發現門口擺放著一封匿名信：「我剛剛接到消息，貴族將在今晚發起刺殺國王的行動，請務必小心。」古斯塔夫看完後沒有放在心上，類似的謠言他已經聽過好多次了，每一次都撲空，他都膩了。

當天晚上，古斯塔夫三世喝了點小酒，與一旁的蒙面美女們一起盡情跳舞，很是盡興，在舞會進行到一半的時候，古斯塔夫的背後突然傳來一陣槍響，他感到一陣暈眩，旋即癱倒在地上，鮮血染紅了黃色的地毯。舞會現場頓時混亂成一團，連一旁的保鑣都嚇呆了，槍手趁亂逃跑，但沒多久就被抓到了。

為什麼刺客能夠找到他呢？不是所有人都戴上面具了嗎？這要歸咎於古斯塔

夫的穿搭風格。他在哪裡都要帶上一拖拉庫的勳章，特別是那枚皇家撒拉弗勳章，在他的執政生涯中只有頒給一個人過，那就是他自己，這枚勳章金光閃閃，耀眼奪目，幾乎成了古斯塔夫的個人象徵，也成了刺客的識別目標。

經過幾番審問後，兇手很快就將事情全盤托出，原來買兇的人是一位沒落已久的大貴族。因為不滿古斯塔夫抑制了他的利益，因此暗地招兵買馬，成立了一個專門殺他的刺客團體。

刺殺並沒有讓古斯塔夫立刻死亡，他被送往醫院，挨疼了十三天，最終因醫治無效而離世，年僅四十六歲。在他臨終前，只留下了兩段話：「我覺得殺我的是法國的雅各賓派，寬恕殺我的人吧。」、「我很睏倦，讓我休息一會兒就好了。」不過古斯塔夫的遺言，卻沒有一個實現，他沒有只休息「一會兒」，殺他的也不是雅各賓派，至於寬恕刺客嘛……兇手被捕後遭到遊街示眾，被判處三天的鞭刑，最後在半死不活的狀態下被劊子手分別砍頭、砍手、砍腳，分屍投入大海餵魚，連收屍都不用了。

有趣的是，在一八五九年，著名音樂家威爾第根據古斯塔夫的刺殺事件創作了歌劇《假面舞會》，先後在巴黎、倫敦、紐約等地進行國際演出，獲得了極佳

老師不好意思教的

雍正

在古代當**社畜**的感覺如何？

——**工作狂**雍正的上班日誌

5

世界奇葩史

自從滿清入關到民國成立前後，總共出現了十二個皇帝，他們都是歷史上不可抹滅的重要人物，也是我們在清宮影視劇中時常出現的重要角色，不過如果要挑出其中最具有個人特色的皇帝，我們的雍正肯定得榜上有名了。

很多人一想到雍正皇帝，心裡面肯定會浮現出一個在夜晚中拼命加班的工作狂男人形象，沒錯，雍正的個性正如同他的年號一樣「庸庸碌碌」、「為人端正」，天天都在批閱奏摺，天天都在熬夜加班，以至於在位的短短十餘年間，竟批閱將近二十萬件奏摺，並想上超過一千萬字之批語，連職業作家都萬萬不及，且一整年只在自己生日休一天假，沒有在跟你玩週休二日的。可以說，雍正是中國歷史中最勤政的皇帝一點也不為過。

不過，此時我們就好奇了，雍正是勤政沒錯，但勤是怎麼個勤法？在大清當CEO是要怎麼辦公呢？

雍正的四萬篇奏摺

雍正帝即位的時候，雖然政治時局比起滿清初年安定許多，然而政權還是不太穩固，加諸有宗室諸王游離分化，滿漢大臣意圖搞對立鬥爭，民間崇尚反清復明，令雍正大為煩惱，國家那麼大，自己卻只有雙手，該怎麼憑一己之力掌握各項政務呢？

雍正靈光一閃：那就來看奏摺吧！

在雍正執政以前，不是所有人都能寫奏摺的，首先你得是地方高級官員，比如提督或是巡撫、總兵等大官，再來講話還不能沒頭沒尾，必須是重要的大事才行（不像乾隆時期，地方官員送幾顆芒果進京都能寫奏摺），如果沒達成以上兩項要件，奏摺不會送來皇上這兒，自己或許還會得到一頓臭罵。

為了能抓住國內的大小事，雍正放寬了臣民專折具奏的範圍和權限，基本上你只要是個九品芝麻官，皆有上書皇上的機會，此一行為加大了清朝皇帝對於地方勢力的掌控性，讓雍正的政治勢力迅速增大、逐漸穩固。由於奏摺的內容很多都是國家機密，雍正訂下一則規矩：「凡涉及私事、關於機密事件、不便公開的重要事件及需要迅速上報處理的，用奏摺陳報，不蓋印章。」

簡單來說，就是奏摺要以保密為優先，不能保密乾脆不要寫，要是被人發現了，自己不僅陷入危機，還會波及皇上。

就這樣，經由雍正批閱，新的奏摺律令就這麼發行到中原各地了，當時的雍正是多麼的意氣風發、大刀闊斧！奏摺法規發布之後，由於免去了諸多審查環節，不但能迅速遞到皇帝手中，而且在皇帝朱批御旨後，又可直接發還上奏官員，從而大大提高了行政效率，給清朝的政治帶來了積極的影響。大臣也不太敢再亂結黨營私，畢竟人人都可以和皇上聯絡，人人都是皇帝的耳目了，這在政治上形成了一種互相牽制的作用。

然而，有好處就必有壞處，雍正當初肯定不知道，這些奏摺竟會如此煩人。

各地大臣的各種獻媚文

新制度上任不久，一堆莫名其妙的官員為了博得雍正皇帝的好感，開始拼命刷存在感，發布一些獻媚的文章。比如在雍正開始執政的頭一年，杭州有一名叫做孫文成的織造官，每一個月初都會固定向皇上請安，連續好幾年下來皆不停歇，而且內容都是大同小異，照之前的規矩來說這種廢文絕對沒有送到皇上面前的可能，但為了弄清楚漢人眾多的杭州局勢，只能忍氣吞聲了。

不過如果文章實在太廢，雍正會毫不留情地指責他們。福建學政黃之雋多次上摺子稱頌皇上的大恩大德，搞得雍正很噁心，直接回擊道：「凡百只務實行，不在文字語言，頌聖具文，朕實厭覽。此數奏甚覺浮泛不實，如此等之奏，再不必，朕實無暇。（你好好工作就好了，不用拍什麼馬屁，我聽了就反感，以後別再跟我提這些，我沒有這種閒時間。）」

雍正最討厭大臣說他有多麼忠心，這類奏摺佔去了大量辦公時間，讓他煩得不行。好在雍正對於文字表達很有功力，此番話語殺傷力極高，想必黃之雋再也不敢亂鬧。

除了獻媚之文外，還有一種奏摺會讓雍正爆氣，那就是無關緊要的小事件，這些事情也占據了相當大的比例，你可以想像一天的奏摺中，有一半是無關緊要的廢文是多麼令人崩潰的事情，比如雍正五年冬，江南總督範時繹上了一道折子，說自己的管理地開始下雪了，還造了一尊龍神像。雍正讀完後勃然大怒：冬天當然會下雪阿！幹嘛跟我說！神龍像關我什麼事！要看自己去看！雍正奮筆疾書道：「朕日理萬機，毫不體朕，況歲底事更繁，哪裡有功夫看此幕客寫來的閒文章，豈有此理！」

此時的雍正批了五年的奏摺，已然被大臣整到崩潰，無法用文言文使筆，隔著紙本都能感受得到熊熊怒火。據統計，雍正每天批復奏摺的平均文字量高達八千字，康熙執政了六十多年，寫了不到一萬件密摺，而雍正執政短短十餘年，親筆書寫的就有四萬餘件，不可謂不勤奮。雍正設計的「密摺治國制度」雖然保障了國家的安危，卻無法保障自己的眼睛遭受眾多大臣的廢文攻擊。

霸氣的乾隆御筆

奏摺是個很好玩的東西，我們可以從這些信物中看得出來一位皇帝的性格與內心所向。比如乾隆的個性就是大剌剌，手寫朱批大多簡單明瞭，無非是「好」、「是」、「知道了」幾個字；而光緒皇帝的個性略顯書生，手寫的朱批有時字形飽滿，有時不堪入目，正如同青春期少年一樣，個性起伏不定難以預測。

而雍正呢？我們可以從他的奏摺看出他滿滿的霸氣情懷。

曾有一次，紫禁城重金聘請了戲班在宮中搭台唱戲，有個御史認為此舉有失體統，皇上怎麼可以聽戲呢？為此他一連上了三次奏摺，請雍正皇帝趕走戲班，最後雍正不耐煩了，直接在奏摺上批道：「爾欲沽名，三摺足矣。若再瑣瀆，必殺爾。（你想假正經裝正直，寫三次奏摺就夠了，再跟我提這事，我一定把你處理掉。）」

河南曾因為糧食不足發生動盪，雍正立即下令河南購買小米準備運往江南，但河南巡撫田文鏡深知江南人個性，認為他們不喜歡吃小米，改運小麥比較實在，但戶部尚書張廷玉和吏部尚書朱軾卻沒有將這個反應報告給雍正，結果小米運去後果然沒有人去領。雍正大怒，狠狠地責備了張廷玉和朱軾等人，表揚了河南巡撫田文鏡，在奏摺中表示其「辦理盡心」、「實心辦事」，並留下了這樣一段流傳甚廣的朱批：

「朕就是這樣漢子！就是這樣秉性！就是這樣皇帝！爾等大臣若不負朕，朕再不負爾等也。勉之！」

雍正為人處世的原則很簡單，只要肯老老實實做事，就一定能得到賞識，相信河南巡撫田文鏡接到如此霸氣總裁的回應，心裡肯定少女心大爆發。

我很討厭虛詐文

雍正的執政能力是精準的，就他自己所言：「朕生平最憎『虛詐』二字，最惡虛名」，他要把一切都投入到有用的地方去，什麼舌燦蓮花、花開富貴，都是煙雲！實用主義才是王道。

康熙執政後期，各地官員養成了一種小技巧，那就是剛剛到任時，都會批評自己所在之地爛透了，批評得越誇張越好，最好還是盜賊橫行、土壤貧瘠、人煙罕至，等過了幾個月再奏報說，在自己鍥而不捨的領導下，當地終於迎來了好轉，什麼犯罪率、人口遷移，都不見了，農業指標和商業指標都往直線上升。對這類奏報，雍正毫不客氣地回應：「只可信一半」。

自古以來愛聽馬屁的皇帝很多，但或許是經歷過太多大風大浪，聽過太多來自各方的稱頌之詞，雍正似乎就是對此無感。廣東巡撫年希堯（年羹堯的哥哥）就曾因為馬屁拍得太誇張，稱皇上所頒諭旨不僅周詳備至，而且料事如神，被雍正看後批道：「寫來套話，何常有一句你心裡的話。」

還有一位名叫達色的鑲白旗副都統，平時存在感很低，在朝政上總是邊緣在旁，但是又不能總是這樣一言不發，於是想寫一封奏摺刷存在感，他知道雍正皇帝不喜歡馬屁，但自己又沒有什麼話好說，竟然硬著頭皮上奏道：「鑲白旗副都統奴才達色謹奏，奴才達色無奏事。」

雍正看完一整個爆氣「我討厭拍馬屁是因為內容形同廢文，你倒可好，連馬屁都懶得放了，整篇都是廢文！」雍正氣得書寫道：「一事不奏，已屬違旨！觀測各官所奏，權衡是非再奏，更屬狡詐！不奏卻稱無奏事，乃彌天大謊！不專心思索，顧惜心血，不忠且懶；不仰副主子垂問之意，乃大不敬也！若無奏事，為報答朕之此恩，寫十張奏來！」

你不是閒閒沒事嗎，罰你寫十張奏摺，看你還有沒有事！

雍正與年羹堯的書信互動

雍正帝在勤勉治國的同時，他的性格弱點也逐漸暴露出來。雍正雖然為人嚴肅狠毒，甚至為了達成自己的目標而不講情理，但一個人在烏漆墨黑的政治舞台待久了，總會想找個人來做些依託，他希望有一個人可以信任，人性總是如此，不可能一輩子都那麼嚴肅。

在所有大臣中，雍正唯獨偏愛年羹堯一人，年羹堯是一名武將，專門平定西北邊疆的叛亂，為人非常聰明且知書達禮，在雍正繼位前已經要好很久了，繼位後更是倍受重用。年羹堯雖遠在邊陲，雍正卻讓他參與朝政，在政務活動中，常常徵求採納年羹堯的意見，曾有一段時間，雍正給年羹堯的信件中，經常充斥著與雍正風格極不符合的甜言蜜語。

比如在雍正元年，青海與甘南等地僧侶起兵叛亂時，年羹堯被命令派往鎮壓，他在奏摺上報告青海戰役，說自己「晝則綜核軍務，夜則分班守城，臣之未能就枕者已十一夜矣。」雍正就在奏摺上批了：「好心疼，好心疼」平定青海的叛亂後，雍正更是深情地寫道：「爾之真情朕實鑒之，朕亦甚想你，亦有些朝事和你商量。」還在御批寫上希望與年羹堯成為明君賢臣的榜樣：「朕實在不知怎麼疼你，才能夠上對天地神明。爾用心愛我之處，朕皆都體會得到。我二人堪稱古往今來君臣遇合之榜樣，也足可令後世欽慕流涎矣！」

年羹堯回到京城之後，受到雍正的極佳禮遇，又是賜衣又是賜賞，還允許年羹堯以後都可以和總理事務大臣一同處理朝政大事，並同意推薦他的心腹王景灝為四川巡撫，要知道雍正為人多疑，能在他執政期間跳那麼多級的官員少之又少，年羹堯卻獨有此殊遇，簡直疼得跟寶貝一樣。雍正二年，雍正皇帝在年羹堯的奏摺上，如此寫到：「不論在京在外、本省他省，有爾信得及的，或有才或有守者，不論官之大小，寫摺子來，逐一開明呈進。（不論是中央還是地方，你覺得有才能的人，不論官位多小，都能跟我推薦，我會給予支持！）」

不過，雍正那麼信任他，也讓年羹堯的自信心開始爆棚，他做事開始變得超高調，蒙古王公貴族見到他都必須跪拜，往返邊疆與京城時，總督與巡撫都得親自迎送，架子大到完全踰越自己的身份，簡直比肩親王了。

俗話說「共患難易，同富貴難」，功高震主的大臣，能善終者寥寥無幾，何況是愛擺架子的年羹堯呢？雍正寵信了短短兩年，就看破了愈發狂妄的他，雍正在朱批中的回應越來越敷衍，甚至還有「知道了，此事與你何干？」、「況又不是你任上的事，粗率不明之至」等極酸字句。到了友誼的小船即將翻覆的前夕，雍正失望地寫道：「朕覽之，實實心寒之極！看此光景，你並不知感悔。上蒼在上，朕若負你，天誅地滅：你若負朕，不知上蒼如何發落你也。」

雍正果真也是敢愛敢恨的漢子，縱使你曾與我一同歡笑，曾與我望向同一片天空朝思暮想，你已經不再是那名忠勇聽話的武將，我就不再是那位在紫禁城中思念愛將的明君。雍正三年二月，天空中出現了五星連珠的奇異景象，群臣皆上表慶賀雍正皇帝，年羹堯也跟風寫了篇奏摺，也不知他是有心氣皇帝還是另有其他原因，這個賀表寫得橫七豎八（年羹堯的筆跡一向都很工整），且把朝乾夕惕寫成夕惕朝乾，此事成為壓垮駱駝的最後一根稻草，雍正抓住這個把柄，說年羹堯自恃己功，乃大不敬，雍正三年十二月，刑部羅列出九十二條罪名，將年羹堯賜死。

聽說煉丹可以提神？

無庸置疑，雍正是歷史上最勤勉的一位帝王，自詡「以勤先天下」也確實不為過，正如他在奏摺中所抱怨：「朕在此日出至晚，一刻不閒，在此料理朝事，爾等何忍悠遊自在、安閒於衙署也？」雍正認為應以國家大事為己任，也正是在他的實心理政中，大清迎來了前所未見的盛世。

然而，雍正終究是肉體凡胎，沒辦法永遠瞻前不顧後地工作，到了執政中後期時，他的身體每況愈下，在精神與身體的雙重折磨之下，他對丹藥逐漸產生了興趣，雍正認為煉丹可以緩解疲累，發揮提神的效果，在與臣子來往的奏摺中，曾送給河東總督田文鏡「濟寶丹」，稱「既濟丹乃有益無損之藥，朕現今日日服之。此藥總不屬寒涼溫熱，亦非治病之方，惟培補元氣，乃其專功。」

田文鏡一個做臣子的，面對皇帝的大禮，縱使千百個不願意，也得賞臉一下，他向雍正回應道：「臣服食以來，微覺精神增益。今又蒙賞給，斯上方仙藥，臣祇領之，實欣幸過望。」並恭敬地感謝皇恩。

後來，雍正在執政的第十三年忽然患得急症，經過一夜就逝世了，至於是什麼急症，史料並沒有一致的觀點，當時大學士張廷玉在日記中曾形容雍正的死狀為「七竅流血」，令人驚駭，也許這與他煉丹作死，還有熬夜加班有密切關係吧。

雍正皇帝在位時間僅僅十三年，逝世的時候才五十八歲，但是自雍正形成制度的「密摺治國制度」卻延續到了滿清覆滅才終止，歷時兩百餘年，成為大清最重要的官場文書。清代雖然是馬背上得天下的朝代，卻不是馬背上治天下的朝代，皇帝們勤於批閱文書，官員與皇帝交流頻繁，也讓我們在研究歷史的同時，能有更多不同樣的審視方式。

雍正執政時間雖然短，卻是個好皇帝；他雖然冷酷無情，卻沒有一刻不為了天下安寧著想；他雖然口舌狠辣，在政務上卻始終賞罰分明，為了給後世的子孫一個太平天下，雍正把自己的一切都投入在治理國家上，後半生歲月都在觀看充斥著廢文以及各種文不對題的奏摺，作為一個國家的統治者，也真是辛苦了。

老師不好意思教的

6

路易十四

時尚教主就是我

——太陽王路易十四的**法式奢華**生活

世界奇葩史

時尚和歷史，一直保有著休戚相共的關係，時尚往往反映出當代的經濟文化程度，而在歷史巨輪的推動之下，也在不同時期呈現出不同的衣著風格。以現代的眼光看來，追逐時尚已然成為每一個人的共同目標，只要能讓自己打扮好看，那麼花費多少精氣神也無妨。

古人曾將生活不可或缺的要務分門別類，整合出「食衣住行育樂」等綱目，而衣冠為先。在古人眼中，穿衣是一件大事，是表露民族正統的招牌，也是身份地位的象徵。特別是在王侯將相階級中，衣冠占了非常重要的地位。

經過數百年歷史的傳承與演化，十八世紀的法國達到了時尚的巔峰，服飾與美學在這個時期得到了空前的繁榮，法國已然成為了歐洲的時尚中心。而在這個浪漫國度裡，有一位在衣著表現上特別亮眼的時尚教主，獨步引領風騷，發明高跟鞋、推廣絲襪、使香水普遍化，種種時尚功勳多不勝數，他是一位造型師嗎？不，他是法蘭西的國王，人稱「太陽王」的路易十四。

別叫我大皇帝，叫我太陽王！

時間要來到一六四三年，那一年，路易十四才剛滿五歲，連話兒都說不大清楚，不過他老爸路易十三因為生病逝世了，所以被倉促推上了王位。那時候的法國，表面上看起來一片繁華，實際上卻暗藏著諸多政治鬥爭，路易十四的幼小年紀，更是讓一群政客想趁機撈到好處，當時的法國政治局勢四分五裂，猶如割裂的軍閥一樣，國務表面由太后安娜執政，實權卻掌握在首相馬薩林手中，而掌握貴族階級的法院貴族、以及控制地方的資產階級領導又各懷鬼胎，種種分裂，讓路易十四從小便毫無權力，只是被供奉在高處，任人宰割的羔羊罷了。

不過，路易十四和其他幼年登基的君主不同的是，他是有腦袋的傢伙。長大之後的路易十四，利用國內一連串的內憂外患，以及自己極高的政治智商，將阻礙自己執政的人物一個個排除，他加強王權、削弱高等法院的權利、實行鉗制貴族的政策，將權力抓回自己的口袋，並大力推行「君權神授」思想，宣稱「朕即國家」，讓人民無條件地臣服於他。到了一六六一年，也就是二十三歲時，路易十四已經成為一名擁有絕對權力的君王。

無庸置疑，路易十四在政治方面有無人能及的天賦，綜觀跟他出身差不多的溥儀、光緒，即使有心想成就一番偉業，卻沒辦法改變身為傀儡的現狀，但路易十四卻在那麼短的時間內，創立了法國有史以來第一次的絕對君主制，足以令我們敬佩。

為什麼路易十四被稱為太陽王，而不是月亮王或者星星王呢？其實這也和他的時尚作風有關係，他剛登基的時候，臣子們為了拍他馬屁，都敬稱他是「大皇帝」，但此時的路易，政治地位迅速抬升，內心自尊急遽膨脹，這種稱呼顯然不夠用了，我是誰啊？我可是獨一無二的時尚教主路易十四啊！路易十四左思右想，琢磨到底有甚麼稱號才配得上他，直到他在宮廷花園遊走時，不經意抬頭一望，只見耀眼的太陽光彩溢目，他頓悟了！太陽獨一無二又偉大，只有我這種偉大的男人，才能配得上這偉大的太陽！他遂稱呼自己是「太陽王」了。

路易十四的法式美學

隨著權力的增長，路易十四也開始追尋與眾不同，要讓自己與臣子間做出一些區隔來，而他所用的方式，就是把自己打扮得漂漂亮亮，如果要論十七世紀至十八世紀最著名的帝王，可能還尚存爭議（同一時期還有康熙、乾隆等帝王），但若要論當時最著名的時尚教主，我們的太陽王路易十四可能要高票當選了，在他的執政時期，曾經推廣過四項時尚裝飾：

高跟鞋，路易十四只有一百六十五公分（有一說一百五十四公分），在群臣中顯得十分矮小，他以馬蹄為靈感，吩咐鞋匠製作出一款可以隨時墊著腳尖的鞋子，高跟鞋就這麼誕生了。

絲襪，在十七世紀，有錢的富豪才買得起絲襪，且幾乎都是男性在穿。路易十四常在畫師繪畫時把褲裙敞開來，露出他那裹著白絲的大腿，讓亮晶晶的絲襪增添他的風騷。

假髮，路易十四的父親有很嚴重的禿頭，常常戴假髮，他的臣子們為了不讓他那麼突出，也跟著戴起假髮來，一傳十，十傳百，假髮也就成為那時代的時尚，路易十四延續了這個傳統，並將假髮做得很酷，又長又捲又蓬鬆。

香水，中世紀的法國有不洗澡的習慣，香水可以掩蓋多日不洗澡的濃烈味道。可以說，現代社會之所以有那麼多香妝品出現，還得感謝路易十四的大力推廣。就舉絲襪為例好了，絲襪在十七世紀只是種非主流的打扮，工藝製造出來的絲襪，可沒有現在這麼好，穿起來非常緊繃，而且由於絲襪都是男生在穿，我們可以想見胯下緊繃且不透氣的那種感覺，肯定非常不好受。

就在絲襪的用戶越來越少，即將消失在歷史舞台時，路易十四拯救了它，他在一次出宮遊玩的時候，發現穿絲襪騎馬非常方便，它緊緊貼著皮膚，不容易刮到樹枝之類的物體，且在冬天時還利於保暖。此後路易十四在宮外遊玩時，都穿著這套絲襪，人們看到國王的奇裝異服，也自然想要追尋時尚，絲襪便這麼起死回生，推廣至法國每一個家庭。

路易十四希望他身體的每一個地方都能綻放耀眼光芒，所以他的絲襪都是白色的，尤其他用的材質非常光滑，角度對了還會發光，可以想像臣子在拜會君王時，被他那一閃一閃亮晶晶的絲襪刺得睜不開眼的幽默景象。

如果說路易十四有異裝癖，其實應該不算錯。路易十四每次玩時尚都玩得很極端，再舉他發明的高跟鞋好了，為了彰顯出他獨一無二的品味，他將高跟鞋塗上亮色的紅漆，看起來光彩奪目，後來有些不長眼的老百姓想模仿他，路易十四勃然大怒「我的時尚可是你能觸及得了的？」他特別頒布法規，指定平常百姓或者普通貴族用了紅色鞋跟就是違法，只有最高級的皇親貴族才能有此殊榮。

建造凡爾賽宮的緣由

路易十四總共當了七十二年的國王，比乾隆足足多了十二年，是歷史上在位最久的君主之一，當然，路易十四在位期間也不是通通在玩，他是非常注重施政品質的人，每天都強迫自己工作，平均每天工作八小時以上，與一般的勞工沒有太大差別，有時候忙起事情來通宵達旦，對細節絲毫也不馬虎。

不過，他雖然不是昏君，卻在某種程度上算是個暴君，常常在國際政治上主動搞麻煩，比如法荷戰爭、大同盟戰爭及西班牙王位繼承戰爭，通通都是他一個人搞出來的，戰爭負擔也使人們不再瘋狂地擁戴他，路易十四為了防止地方勢力強大的貴族打著撥亂反正的旗號，出來篡奪王位，於是耍了招小心眼，開始推廣一些很貴又很時尚的東西，讓他們沉迷在酒池肉林中無法自拔，成為不用腦袋的笨蛋。

路易十四成功了，地方貴族們紛紛拋下自己的政務，一頭栽在那些精美的時尚產品無法自拔，很快地，他們就變成一群玩物喪志的廢物，再也不想爭權奪鬥。路易十四眼看情況如此順利，接著進行第二步，打造歐洲最為華麗壯觀的城堡——凡爾賽宮，將全國的貴族集中於此地居住，方便管理與監視。

當時這群地方貴族已經沒有思考能力了，路易十四聲稱凡爾賽宮有非常多的娛樂活動，相當於專為皇室們設計的遊樂園，不用付費、不用門票，要吃什麼要玩什麼隨便你們，地方貴族們聽聞此言，無不覺得心動，就這麼心甘情願地進去受控制了，跟拿糖騙小孩上車一樣的道理。

凡爾賽宮確實很好玩，路易十四經常在宮殿舉行場面浩大壯觀的典禮、晚會、舞會、狩獵和其他娛樂活動，有時候路易十四心情好，還會發起變裝秀活動。什麼是變裝秀呢？說白了就是路易十四的時尚秀。路易十四一向對自己的藝術品味很有自信，他一生最大的愛好就是暴露在鎂光燈下供人欣賞，活動當天，他會在一大清早梳妝打扮，換上自己設計的戲服，並召集所有貴族來寢宮觀賞自己的最新傑作，這群吃飽沒事幹的貴族們幾乎都會來，阿諛奉承地拍手叫好。

體臭？用香水蓋住就好了啦！

當然，時尚也有分入流或者不入流，路易十四嘗試了那麼多時尚裝飾，也總有幾件事情看起來不那麼合情合理，不洗澡就算是一個。

路易十四不洗澡的原因不是他懶，而是因為習俗的關係。自從十五世紀爆發瘟疫之後，人們便開始找尋病毒的起源，有人說泡泥巴澡會痊癒，有人說拿鞭子打自己會康復，也有人認為，不洗澡才是避免患病的最好方法。這種神一樣的邏輯是怎麼誕生的呢？原來當時的人們認為，洗澡會將肌膚的毛細孔打開，讓病菌趁勢進入，如果不洗澡，表面上會有一層汙垢保護層，這將使我們免受病痛之苦。

兩百年後，歐洲人還是一樣不洗澡，一年裡只洗兩次。路易十四似乎也知道自己身體臭，所以非常喜歡香料，創建了宮廷調香師的官職，並命令他們每天都要給他製作一款新的香水，有聽過鳶尾花香水嗎？就是在路易十四當時研製出來的，據說他本人最喜歡這種款式，認為這種香氣最能體現出自己走在時尚尖端。當時的香水總共分成固體和液體兩種，固體就跟香皂差不多，如果需要使用的話，就直接擦在想要的地方就好。而液體的就有點類似現代香水的雛型了，不過它還沒有按壓式噴頭，所以要使用時，得先找一塊布，將液體倒入布後再擦拭身體。

皇親貴族每天不用水洗臉，只以香水來掩蓋氣味，這也導致皇宮混雜著各種稀奇古怪的味道，就像是體育課下課後，大家的汗都還沒乾，卻又被迫擠進同一間教室聽課，而這時又有個不長眼的傢伙拿香水猛噴，教室頓時混雜著香味與汗臭味，而這種情況比汗臭更糟糕了，由於香味的襯托，臭味變得更臭，由於臭味的干擾，香味變得刺鼻，簡直難受得要命。凡爾賽宮天天上演這種場面，皇宮無時無刻都在臭味與香味間的拔河中渡過。更要命的是，凡爾賽宮一開始建造時，沒有想到要做廁所，以至於如果要大小便，就要大老遠往外面跑，路易十四和眾大臣們後來跑膩了，就乾脆在宮內裡面直接解決了，十八世紀的英國貴族霍勒斯．沃波爾（Horace Walpole）曾描述凡爾賽宮：

「四處全是髒汙、排泄物，整個空間臭氣瀰漫……乞丐、僕人與貴族賓客都會在階梯、門廊，或是宮殿裡的任何一處方便。走廊、庭院、側翼還有迴廊全是屎尿，大庭院、小花園與宮殿本身，全都臭得令人作嘔。」

這與我們想像中的皇宮，有很大的差異吧。後來路易十四與眾大臣似乎大徹大悟，訂立了一套規矩，規定大家以後都得在指定位置方便，有時候是儲藏間，有時候是接客室，等到這些房間被屎尿填滿以後，再換另外一個地方，而被弄髒的區塊，則請僕從打掃乾淨。規劃管理，統一處理，厲害吧？

往好處想，路易十四的邋遢行為，雖然看起來不大舒服，卻正巧讓香水業這種奢侈產業脫穎而出，得到發展的機會，如今法國已經成為世界第一大香水出口國，每年產值超過六百億法郎，路易十四也算誤打誤撞，開發出一項重要新產業了。

路易十四之死

路易十四為時尚而生，也因時尚而死。由於不常洗澡，路易十四在七十七歲那年患上了真菌感染，雙腳又紅又紫，癢得難耐，這種病症如果不及時治療，還會引起皮膚過敏，並引起各種併發症，宮廷醫生很迅速地發現症狀，告知路易十四需要及時治療，起初他表示贊同，但是等到醫生說要幫他的腳做手術時，卻

華盛頓

在古代**蛀牙**感覺怎麼樣？

——華盛頓與他的**假牙**們

7

如果去掉工業革命後的迅速發展，西洋史其實是一個很無厘頭的軼事大雜燴，各朝各代都有不同的奇葩風俗，特別是在十八世紀前後的發達國家，他們的審美觀真的是令人不敢恭維，我們拿幾個例子來看：

(1) 法國，不愛洗澡。路易十四一生只洗過不到七次澡，為了抑制身上強烈的體臭，他習慣擦拭各種香水，讓作嘔的異臭與薰鼻的香水混搭成一塊。

(2) 英國，劇毒保養皮膚。文藝復興以後，歐洲的女性都以白皮膚為美，光鮮亮麗本是好事，但他們卻走火入魔了，皇家貴族為了打扮，竟將帶有劇毒的鉛白當作粉底，大剌剌地塗抹在皮膚上。

(3) 丹麥，濃密黑森林。丹麥的祖先是強悍的維京人，他們繼承了維京人一部份的傳統，那就是隨風飄揚的體毛，從上到下，從一點到三點，都捨不得把毛刮掉。

除此之外，歐洲國家在那時候還有一個共同風俗，那就是流行一口爛牙！假使你有暗黃的牙齒、發黑的牙齦、堆積的牙垢，那麼，你可能在當時會很受歡迎，異性們將為你的牙齒瘋狂！為什麼出現那麼扭曲的審美觀？難道他們看著鏡中自己一口糟糕的牙齒，還能笑得出來嗎？

其實也很簡單，因為爛牙是炫富的最佳手段。

歐洲在十八世紀以前，由於地理氣候不適合蔗糖種植，所以把糖和一切甜味的食品當成是奢侈品，為什麼聖經會把現今以色列的位置說成是「流淌著奶與蜜之地」，而不是流淌著鹽巴、或者是醬油呢？因為糖自古以來就是非常精貴的物品。各地的貴族們為了炫耀自己能天天吃得上糖，往往不注重牙齒保養，讓它隨意潰爛。

至於我們的主人公——美國國父華盛頓，其實也有一口爛牙。

華盛頓的假牙全集

華盛頓的家很富有，但是華盛頓的爛牙不是因為愛吃糖的關係，而是因為小時候體弱多病，動不動就流感發燒，還曾接連染上天花和瘧疾，而那時候的醫療水準又極其糟糕，醫生開出的處方摻有會磨損琺瑯質的氧化汞，這也導致華盛頓在年輕時就飽受牙疾困擾，據他的日記記載，他從二十四歲時就拔掉了第一顆爛牙，拔這顆牙花了他五先令，從此之後，其他牙齒接二連三地從他的嘴裡被拔出。

不過正如俗話所說，哪裡有痛苦哪裡就有需求，當時的人們飽受牙痛折磨，牙醫這個職業也就應運而生了，華盛頓雖然沒有牙齒，但是他還是有個替代方案，那就是去做假牙。

華盛頓家裡不算窮，他一生中買了好幾副假牙，隨著政治地位的上升，假牙類型也往往呈現不同風貌，綜觀他的一生，我們會驚奇地發現，華盛頓的生平簡直就是一套活生生的假牙史。當時的假牙總共分為幾大類：

(1) 動物的獸牙：將動物的牙齒打磨成人類的形狀後，就可以使用了。成本最低，但很臭而且容易潰爛。

(2) 死人的牙齒：當時有個職業叫獵牙人（Teeth Hunter），聽起來很帥，但總而言之就是個盜賊，美洲的治安很糟糕，在開墾期間死傷的人屢見不鮮，獵牙人在他們死去後，趁機敲掉他們的牙齒賣掉，成本中等，使用起來也中等，精神潔癖的人不能用就是了。

(3)黑人的牙齒：當時的人們會畜養黑奴，華盛頓家裡就有好幾個，人們為了新鮮的牙齒，往往會殘忍地敲斷他們的牙齒，套在自己的牙套上。成本最高，使用起來最方便，但最沒人性。

一些民間流傳的童話故事裡面，華盛頓的假牙是木頭做的，甚至有人說，他的木頭假牙是從小時候砍下的櫻桃樹製作而成，但這其實是後人瞎掰出來的，沒有資料顯示華盛頓有戴過木頭假牙，但他倒是戴過各種稀奇古怪的材質。

華盛頓在剛創業的時候為了省錢，首先買的是驢牙做成的假牙，尺寸明顯很大，而且氣味難聞、容易潰爛，套上牙套的那一瞬間，感覺就像是親到驢子一樣；後來稍微有錢後，華盛頓開始將眼光瞄向自家的黑奴身上，雖然他沒有強取豪奪，但是收購的價格只有市場價格的三分之一，而且還不能拒絕，可憐的奴隸們，真是遇到慣老闆了。

對於華盛頓來說，擁有一個能讓他口齒清晰的假牙，無疑是非常重要的事情，若是他連說話都含糊不清，美國民眾也無緣聽到他的公開演講，也就沒有後來的美國獨立了，就這方面來說，還真是太感謝這些黑奴的奉獻了。

美洲要獨立！

長大後的華盛頓，跑去參加了英軍軍隊，沒過多久就當上了軍官，或許是因為一口爛牙的關係，華盛頓在英國人面前有很高的威望，大家都以為他是可以每天吃糖的那種大富豪。經過幾次實戰後，華盛頓靠著他在軍隊中累積的良好名聲，在二十七歲那年當選為維吉尼亞州議員。

不過，華盛頓雖然拿著英國的公帑，說著英國人的語言，內心卻和其他人一樣，不爽英國很久了，英國連年對外發動戰爭，對內加緊壓榨殖民地人民，殖民者頒布的各種稅務法案，沉重地壓在人民的雙肩，讓華盛頓很看不慣，他認為只有站起來反抗英國殖民者的壓迫，美洲才能真正實現繁榮富強！

此時的美洲，就像是一罐被搖晃已久的汽水瓶，居民在長久剝削之下，累積的怨恨漸漸膨脹、漸漸壯大，最終在一七七五年爆開來了！他們決定拿起刀槍大幹一場，反抗英國殖民統治，捍衛自由！華盛頓也在此時被推舉為大陸軍總司令，他身材高大，又精通騎術，受到廣大官兵們的愛戴。

表面看來，華盛頓的前途一片美好，但華盛頓內心可笑不出來，首先，英國軍隊的素質很高，而且兵力也遠比起義軍多上好多倍，打勝仗的機率十分渺茫；再者，他在此前獲得的最高軍銜，也不過是上校而已，要一名上校指揮四萬多人的軍隊，是一件非常勉強的事情。因此在獨立戰爭初期，起義軍基本上是被挨著打的。

此時的華盛頓，為了不讓牙痛影響對戰場局勢的判斷，拼命地保護這些逐漸脫落的牙齒，甚至不惜改變飲食作風，華盛頓之前很喜歡吃堅果，如果身邊找不到工具，便會用牙齒直接把外殼撬開，據美國第二任總統約翰．亞當斯說，華盛頓就曾經在吃堅果時嗑掉了一顆牙。華盛頓轉而開始吃起軟爛的食物，譬如北美木瓜之類，但他的牙痛問題已經病入膏肓，雖然可以緩解卻不能根治。

如何用牙痛打敗對手

那時候華盛頓最強大的死對頭，除了隱隱作痛的牙齒外，就是英軍總司令亨利．柯林頓了，他的作戰方式狡猾如狐，而且精通情報工作，起義軍的每一個行動，幾乎都暴露在柯林頓的視野中。華盛頓在和他作戰時總撈不到好處，一出門就被打得滿頭包，只能窩居在費城大本營裡面足不出戶。

但是，美國國父華盛頓也不是白混的，他見招拆招，靈機一動，要是你能抓到我的情報，那麼我就故意發布假情報不就好了？他親手寫了一封信，然後故意讓英軍捕獲信件，在信中，華盛頓的情緒表現的十分誇張，首先是大發牢騷表明軍事作戰不利，不能繼續留在費城了，再者又開始抱怨自己的牙又開始疼了，希望能在紐約受到良好的治療。

柯林頓繳獲信件後，露出了狡猾的笑容，他知道華盛頓有牙痛的毛病，因此認為信件應該假不了，紐約當時還在英國人的手裡，華盛頓這樣說，很有暗示要進攻紐約的意味，柯林頓於是把所有重兵都搬到紐約防守。

結果呢？華盛頓率領兩萬名軍隊，迅速奇襲了約克鎮，英國軍隊因為人數不足，只好打開城門舉手投降，從此之後，戰場局勢發生了驚天動地的逆轉，起義軍從原本挨著打的局面，轉變成旗鼓相當、遙相對峙，英國政府認為已經無法管控美洲獨立，再下去只會兩敗俱傷，於是轉而進行和平談判，於兩年後簽訂了《巴黎和約》，美國終於獨立了。

此時的華盛頓，容光煥發、風光滿面，大家都視他為民族英雄，他成為了美國人的好榜樣。有人想要為華盛頓製作肖像畫，讓他得以在歷史永遠流傳，卻難倒了華盛頓，因為他帶的假牙不太平整，嘴唇會被擠得向外凸出，而偏偏他又是個注重儀態的人。讀者可以到網路上查看華盛頓的肖像圖片，稍微注意的話，就會發現他的嘴唇非常的不自然，好像是在用力緊閉，不讓東西跑出來一樣。

史上最貴的假牙

戰爭結束後的華盛頓展現出了很瀟灑的一面，他選擇辭去在軍隊裡總司令的職務，告別政壇、告別軍隊，在大雪紛飛的聖誕節夜晚回到了他的維農山莊園，和他的妻子與孫女們共享天倫之樂。

除此之外，華盛頓此時也換上了他的終極版假牙，這個假牙是從是一位叫約翰．格林伍德的名醫那裡訂製的，為展現出開國之主的霸氣，特地採用了最昂貴的材料，以河馬的牙齒、以及黃金製作而成，整體看來光彩奪目、耀眼至極。為什麼要用河馬牙齒呢？因為它自然彎曲的程度往往與人類下頜骨的彎曲程度十分相似，使用起來非常貼合，只要稍微打磨，就跟真的牙齒沒甚麼兩樣了。後來此牙套在史密森尼博物館被偷走了，也不知道是出於哪種癖好，那麼多文物不偷，唯獨挑中假牙。

華盛頓跟約翰．格林伍德的關係很好，相當依賴著他，儘管他的一次巡診開價，相當於當時美國陸軍一名下士兩個月的薪水，但華盛頓還是甘願，因為只有約翰．格林伍德可以忍受華盛頓糟糕的生活作風，他在一七八九年十二月二十八日寫給華盛頓的信件表示：

「隨函附上兩副假牙，有一副已經修理好了，另一副你從費城寄來的，非常黑且髒。可能是因為你浸泡他們在波特酒中，或者你喝太多酒了……我建議你，在吃完晚餐之後，馬上把它們拿下來清洗。」

清洗滿是黑色污漬的假牙，想想都覺得有點反胃對吧，也難怪華盛頓要付那麼多錢給他了。

華盛頓之死

一七九九年十二月十二日的維農山莊園，六十七歲的華盛頓依然像往常一樣，騎著馬去巡視他心愛的莊園，當天的天氣不太好，出發前天空已經陰沉沉了，之後更是下起滂沱大雨，等華盛頓回家用晚餐的時候，全身衣服已經濕透。華盛頓以為自己還身強體壯，連衣服也不換就坐下用餐。

華盛頓在此前就有牙齦出血以及牙齦紅腫的毛病，此番隨意應付，讓病情迅速升級成急性呼吸道鏈球菌感染。第二天一早，華盛頓已經感到喉嚨有些痛，到傍晚時分，他開始發熱，喉嚨也有些變啞，但他依然沒有很在意，以為休息個幾天就好了。

沒想到第三天，華盛頓的病情加劇，已經說不出話、也爬不下床了，他的妻子給他拿了一些處方藥，但華盛頓喉嚨灼熱，沒辦法吞咽東西，於是妻子便與管家商量好，開始動用一些邪門的偏方。

當時的西方醫學有一種偏方，那就是放血。古代的希臘人覺得生病是因為「體液不平衡」的關係，如果把一些血給放出來，體液就會重新保持平衡，病也就會痊癒了。雖然以我們來看，這種邏輯實在有點匪夷所思，但這種放血文化在當時確實受到普遍的認可。

華盛頓家裡剛好有一位管家懂得放血的技術，被推派為華盛頓作了第一次放血，大約放了五百毫升，但情況並無好轉，人們就在討論說，要不要請個專業的醫生來看看？

華盛頓的私人醫生於是趕到了現場，他給華盛頓開了甚麼處方呢？又是放血！華盛頓又被放了大約五百毫升的血，病情依然沒有改善，私人醫生覺得應該是放的血不夠多，再次放了五百毫升！

此時的華盛頓，已經是頭暈目眩，分不清東南西北了，私人醫生可能也覺得自己沒辦法負擔這麼大的責任，於是和管家討論，讓自己的醫生朋友們過來一起商量，看看還有甚麼方法可以治療。管家同意了，於是一群醫生又趕到了現場，在華盛頓旁高談闊論，他們最終得出的結論是甚麼呢？一定是放血放得不夠多！

他們又為華盛頓施行了第四次放血，這一次放血將近一千毫升。雖然有一位在場的年輕醫生表示反對，但在場的所有人都堅持繼續放血。這一次，華盛頓終於被醫生們玩掛了，享壽六十七歲。

牙齒對我們來說非常重要，其作用不僅是為了美觀，還是我們生活中不可或缺的器官，要是華盛頓有好好保護牙齒，就不會牙齦紅腫，沒有牙齦紅腫，就不會有呼吸道感染，沒有呼吸道感染，就不會有後來近乎於兒戲的死法了。

所以在此奉勸諸位，好好珍惜你的牙齒，不要因為懶惰就忘記刷牙了，華盛頓痛苦的哀嚎正在提醒著我們！

老師不好意思教的

8

拿破崙

乖小孩與壞小孩的混合體

——拿破崙曲折的童年生活

世界奇葩史

每個成功的男人背後，也許不一定有一位偉大的女人，但絕對離不開一段不堪入目的黑歷史。許多表面看起來高大尚的偉人，童年都有一段不忍直視的歷史，心學大師王陽明小時候過動，爸爸叫他去讀書，他卻逃到別人家玩象棋；魯迅小時候有虐貓的習慣，有事沒事就做個陷阱，把牠們整得唉唉叫。

而我們這篇的主角拿破崙呢？他的童年也理所當然地十分精采，在他還尚未成年時，曾做過以下蠢事：

(1) 在法國軍校大肆提倡科西嘉島獨立，神父勸拿破崙別這麼說，會被排擠，拿破崙卻把他打成重傷。

(2) 早年因為政治傾向拒絕說法語，以至語文程度不好，寫起信來錯字連篇。

(3) 就讀軍校時不喜歡當地的教官，在訓練期間唱反調，教官要隊伍行槍敬禮，他卻把槍放下，要隊伍把槍放下，他卻行槍敬禮，教官憤怒地把他的槍奪走，並惡狠狠地砸在他臉上，拿破崙則把槍枝重新奪回，惡狠狠地砸在教官身上。

除此之外，拿破崙在童年生活還幹出了甚麼蠢事？而他究竟是怎麼從一位村口路邊的野小孩，轉變成眾所皆知的大元帥呢？讓我們繼續看下去。

安靜的孩子

要講拿破崙的童年，我們就得先講到他出生的地方。雖然拿破崙之後統治了歐洲大陸的廣大土地，成為法蘭西的皇帝，但他並不是在法國本土出生，而是一個偏遠的、形狀跟雞蛋一樣的「科西嘉島」，一直到現在人口也不到三十萬，島上幾乎沒有甚麼值得一提的產業經濟，所有人都靠旅遊業在過活，如果沒有拿破崙的名氣，這個小島基本上沒有太多人會知道。

在十八世紀，由於地理因素的關係，科西嘉島一直都是槍林彈雨的四戰之地，跟個口香糖似的，每個國家看到都恨不得踩一腳，在那裡生活的人們，大多以海上貿易為主。拿破崙出生的那年，原本統御島內的熱那亞共和國因國政衰落，將科西嘉島協議賣給法國，由於這筆買賣實在過於倉促，有很多細節都沒有考量，導致島內政治動盪、民眾不安，拿破崙後來描述自己出生時說：

「當我出生時，國家正面臨滅亡。三萬法國人湧入我們的海岸，自由之冠淹沒在狂暴的腥風血雨之中。我剛睜開雙眼，看到的就是這種可憎的景象。」

幼年的拿破崙，就在這混亂的社會中誕生下來，也或許是因為時局影響的關係，拿破崙小時候很不喜歡說話，家人要找他聊天，他總是愛理不理，稍微有空就一股腦兒鑽到沒人知道的地方，看著天空漂浮的白雲，以及倏忽而過的飛鳥，讓時間悄悄地過去。

不過，這種文青生活，到拿破崙十來歲那年就消失得無影無蹤了，為什麼呢？因為拿破崙學壞了！

拿破崙學壞了！

拿破崙在上小學的時候，由於體格瘦弱，常被一些高年級的同學欺負，每次放學後，拿破崙瘦小的身軀，總是會多上幾片瘀青，這種情況一直持續到四年級的某一天，那天，拿破崙在被六年級的學長欺凌時，腦袋突然頓悟了：若是繼續默默忍受他們的霸凌，這種日子永遠不會結束！長久以來內向的拿破崙，此時終於蛻變成一隻兇猛的獅子，他突然像發了瘋一樣，直接跳到學長的背上，用拳頭對著他的腦袋就是一頓猛揍，學長想還手揍他，奈何拿破崙腎上腺素暴增，此時根本不痛不癢，繼續發起雨點般的攻勢。這一次，拿破崙終於站得上風，學長被打得唉唉叫，狼狽逃回教室去了。

中午下課後，拿破崙跑到學長的教室門口，要堵他出來打架，學長因為早上的事情，現在都還驚魂未定，拿破崙對他說：「除非你今天向我道歉，否則我會一直不停地來找你，跟你打，到死為止。」學長一時間被拿破崙的氣勢震攝，竟真的對他說了聲「對不起」，拿破崙得到他所要的回應，頭也不回地揚長而去了。

這件事情對拿破崙的影響很大，從此之後，拿破崙再也不是那位呆望天空的沉默小孩子，他把自己塑造成一位不良少年，在內心豎立起高高的城牆，見到不滿意的事情就要大呼小叫、動輒打架，有時候還會把脾氣動到哥哥姊姊身上，他的家人對他都很頭痛。曾有一次，家裡做了兩個肉餅給拿破崙和他的哥哥約瑟夫吃，拿破崙垂涎欲滴地看著那肉餅，想把兩個都給併吞掉，於是對哥哥說：「約瑟夫，剛剛其實烤了三塊肉餅，第三塊還在廚房，拿到就歸你。」在哥哥進去廚房找時，拿破崙就把兩塊都吞到肚子裡去了。

拿破崙很聰明，而在他小時候，聰明總是用在不正確的地方。他聚集了一票志同道合的鄰居孩子，充當他們的小老大，閒閒沒事做時，就和他們玩打仗遊戲，自己坐鎮中央指揮，要他們擺出怎樣的陣型，他們就得擺出怎樣的陣型。拿破崙事後曾笑著回憶：「我成為元帥的歷史，要從孩提時代講起。」

有一回，拿破崙的中年級小團體，被另外一個高年級小團體欺負了。由於對方體型佔得上風，拿破崙的指揮沒有發揮功效，小弟們四散逃竄，潰不成軍，拿破崙和殘餘的隊伍逃到了橋邊，拿破崙急中生智，吩咐他們躲到四旁的蘆葦裡，然後在追兵跟過來時，忽然搖動蘆葦並發出怪聲，高年級的孩子以為有怪物出現，各個變貌失色，嚇得逃回去了。

當然，拿破崙當時還是十來歲的小夥子，受到親人的管理與掌控，他的雙親自然也注意到拿破崙喜歡打架的個性，但是在教育上，父母卻有不同的看法，他的父親夏爾．波拿巴隨和寬容，希望讓孩子自己找出自己所愛，父子的對話常是這樣的：

「爸！我今天又打架了。」
「喔？打贏還是打輸。」
「本來會打輸的，但是我靠伎倆打贏了。」
「不錯，腦袋很好。」

而拿破崙的母親萊蒂西亞，就顯得比較嚴格點了，她希望能依靠嚴厲的家訓管住拿破崙，母子的對話常是這樣的：

「媽！我今天又打架了。」
「我早就知道了，我的木棒呢，看我不打死你才怪。」
「媽！妳為什麼不誇獎我，我打贏了耶。」
「你這死小孩，打架哪有贏了就要誇獎，看我打死你。」

父母兩人的教育方針不同，卻是同樣愛護這位獨特的孩子，他們都希望能透過自己的教育，將孩子培養成出人頭地的人物。拿破崙終其一生都保持著對父母的敬重，對於母親的嚴厲更是心懷感激，他在稱帝後曾感嘆：「我之所以有今日，全靠母親的大力栽培。」

第三次改變

綜觀拿破崙的童年時期，不但天資聰穎，且已經培養出獨特的領導天賦，唯一不足的就是脾氣差了點。不過在十來歲那年，拿破崙因為哥哥約瑟夫的一席話，從此把狂傲的個性改正了。那一天，拿破崙從外面玩回家了，哥哥考他一道數學題，拿破崙卻答不出來，哥哥緩緩說了一句：「拿破崙，你只是比我勇敢而已。」

哥哥說的是事實，拿破崙自小就認為自己是最優秀的，沒人比得上他，但哥哥一語驚醒夢中人，拿破崙的良知開始發作：「沒錯，如果論打架、耍小聰明，我肯定是世界第一，但這些只是不入流的東西，又不能做出甚麼大的成果來！」浪子回頭金不換，拿破崙開始意識到，一切的愛好與成就，都得從讀書為起點開始，要是自己不讀書，怎麼可能完成自己的夢想？

從此之後，拿破崙又發生了第三次的改變，他從一位野孩子，蛻變成整天宅在家的乖小孩，一股腦兒鑽在教科書中無法自拔，拿破崙的腦袋很聰明，之前就只是調皮了點功課才差，但此時的拿破崙已經覺醒，讀整天書都是小意思，這種由內而外散發出的強烈使命感，是他將來成為一代雄主的根本所在。

後來，波拿巴家族舉家搬到法國本土，以便拿破崙與哥哥約瑟夫接受教育，約瑟夫本人被拿破崙欺負到大，為人膽小怕事，不敢面對大場面，所以被爸爸抓去念文科，將來當神父；而拿破崙英勇大膽，又喜歡動手動腳，所以被爸爸抓去念布里埃納軍事學校，以便將來當軍官。

布里埃納軍校的鳥日子

拿破崙以前在科西嘉島上都是講義大利語，雖然那時候科西嘉已經歸法國管了，但是拿破崙卻認為法國人總是在欺負科西嘉人，因此拒絕講法語，當然完全不說不學是不可能的，只是在生活中盡量不講。這也導致初來乍到的拿破崙，顯得十分徬徨無助。

布里埃納軍校舉世聞名，但軍校畢竟是軍校，該有的缺點都有，那裡的學長學弟制很嚴重，老同學總是欺負新學員，拿破崙尤其成為他們欺負的重點對象，這群學長們看到拿破崙黝黑的皮膚、以及獨特的科西嘉口音，就覺得很新鮮，拚了命地想找他麻煩，有時候是嘲笑他的出生背景，有時是嘲笑拿破崙的名字（拿破崙的法語讀音很像「鼻子上的稻草（lapaille-au-nez）」），還有一次，軍校的教官居然帶頭欺負起拿破崙，命令他扮演乞丐，穿著破爛的衣服，在同學們的面前跪著吃飯。拿破崙恨極了那段時光，那時候，他討厭所有法國人，在軍校沒什麼朋友，只是一個人孤獨地學習，每當被嘲笑過後，拿破崙便會悄悄地對自己說：「等我有一天來收拾你們這些無知的法國人吧。」

拿破崙在軍校一共待了五年，總共受苦受難了四年，最後一年，學校終於找到他的天賦。

那天，是一個白雪皚皚的寒冬，由於無法進行訓練，學生只能呆愣愣地待在宿舍，不知道要做甚麼好。在拿破崙的提議下，他們跑到操場打雪仗，用雪建造了厚實的城牆，並分成兩隊互相攻擊，氣氛頓時活躍起來，大家歡笑著、簇擁著、向著對面的同學丟擲雪球。此時的拿破崙，忽然想起之前自命元帥、玩打仗遊戲的場景，他遂吆喝一聲，站在高築的雪塔上，開始指揮其中一方軍隊，拿破崙的指揮能力極佳，戰術源源不斷，讓對手難以招架。直到對方即將被打敗時，拿破崙卻轉而投向他們，並命令他們組織起有效的防守戰線，重新反攻。

在兩方隊伍的相互角力中，教師們見識了拿破崙的軍事才華，同學們也不敢再小瞧他，拿破崙用他的才能，贏得了師生的讚許。因此在最後一年的時光裡，拿破崙相對起來過得比較順遂。畢業前，學校對拿破崙的評價是：

「拿破崙．波拿巴，生於一七六九年八月十五日，身高四英尺十英寸，體格強壯、生性直爽、思維敏捷。擅長數學，通曉地理、歷史、音樂及繪畫，缺乏優雅辭令。可以成為一名出色的軍官，應該送往巴黎學校。」

拿破崙的成長

巴黎學校是法國國內設備最完善的軍校，相當於軍事界的巴黎高等師範學院，學校待遇非常好，不用自己洗衣服、擦皮靴、而且三餐菜色都很豐富，但十五歲的拿破崙沒有被外在條件影響，他依然是那個嫉惡如仇的科西嘉小子，依然瘋狂地讀書，拿破崙急切地想要獲取成果，原本他想要成為一名海軍，這樣一來，就能長時間地往返故鄉，但一想到海軍要讀五年，而陸軍只要兩年，就毫不猶豫地加入陸軍。

拿破崙在布里埃納軍校時，最喜歡防禦工事構築以及炮術方面的科目，因為這些課程往往需要應用到一定程度的數學（還要學微積分），這恰恰是拿破崙最擅長的。到了巴黎學校，他選擇了自己擅長的砲兵系，並在這裡獲得了很多知識，我們都知道，拿破崙將來南征北討，無往不利，有很大原因在於指揮砲兵得當，在此之前，軍事學家都主張把砲兵分散到每一個戰區，讓每個戰區都有大炮可以使用，拿破崙卻不這麼想，他親自發明「大砲兵連戰術」，主張將砲兵全部集中在一個地方，讓他們狂轟濫炸，等到那塊戰區被炸得滿目瘡痍，再率領騎兵迅速突破防線。

在巴黎，拿破崙似乎比在布里埃納軍校快活得多，由於砲兵科系都是學自己喜歡的東西，他在那裡讀得很開心，總是關在宿舍中，徹夜研究數學題目，成績名列前茅，學校還破例讓他跳級晉升二年級上課，一想到撐完這個學期就要成為軍官了，拿破崙簡直開心得無法自拔。

一七八五年九月，拿破崙順利通過畢業考試，成為一名砲兵少尉軍官，那年拿破崙年僅十六歲，相當於高中一年級的年紀，他不無驕傲地說道，「由於我與生俱來的天才，我現在是軍官了！」拿破崙戎馬一生的軍事生涯就此開始了。

我們在讀歷史故事的時候，最不耐煩的就是人物的早年生活，因為劇情沒有太大的起承轉合，讀起來平鋪直述，令人感到枯燥乏味，拿破崙的早年生活，雖然稱不上了無新意，卻也一直是史學界時常忽略的時期。但這段時間，恰恰是拿破崙養成領袖氣質的重要轉捩點。拿破崙的第一次出場，是以一個孤僻且成績奇差的姿態出現，然而經過數次轉變，到了十六歲那年，也就是從巴黎軍校畢業前夕，已然成為一名資優的高材生，他孤僻的本質仍在，卻瑕不掩瑜，倚靠一次次的事件中，培養出無與倫比的指揮天份。

我們過於重視拿破崙在戰場上的新奇戰術，卻始終沒有發現，拿破崙身上的這些本領，其實都得要歸功於他在早年的認真學習。這就是歷史教導我們的道理，偉人不是與生俱來，更不是想當就當的，我們在仰慕偉人耀眼的功勳時，其實能從另一個角度瞥見他們在猶豫之中徘徊、忍辱負重及低聲下氣的背影。

這就是拿破崙的前半生，一個集合頑皮、痛苦、挫折與天分於一身的童年。

老師不好意思教的

威廉二世

我們的**征途**是星辰大海

——威廉二世的**帝國夢**

9

世界奇葩史

一八五九年，威廉二世出生在德國柏林的太子宮，和其他偉人出生都會自帶VIP特效的炫酷氣場不同，威廉二世出生時，非但沒有什麼特效，而且更倒楣的是，他出生時因胎位不正，他的英國母親堅持要請比較高明的英國醫師來接生，這不請還好，一請不得了，請到個蒙古大夫，這位庸醫一看到二世胎位不正的詭異現象，馬上就慌了，一時間手足無措不知該如何處理，乾脆就直接用蠻力把他胡亂拉扯出來，結果就造成了威廉二世日後左手萎縮的殘疾，整體看來左輕右重，十分不協調。所以現在我們看到有關他的照片就會發現，他拍照時左手總是戴著手套，使其看起來比較修長，或者是用左手倚著配劍，讓自己看起來比較體面。

從小就患有這種無法根治的毛病，讓威廉二世養成了自卑的負面性格，看來二世的人生開局並不是特別好，居然還沒懂事一隻手就先廢了，真是可悲可嘆。

惡運還遠遠沒結束，根據古裝劇的脈絡，凡是生在複雜的宮廷裡面，再來肯定會成為宮中鬥爭的對象，不只東方如此，西方也是這樣，當時德國的宮廷擁有兩派勢力，一派是威廉二世的爺爺，也就是當今聖上威廉一世和宰相俾斯麥的保守派，此派比較親近俄國，行政作風也比較保守，認為軍事方面德國只需制霸歐陸就好，海洋什麼的，太遙遠，還是算了吧！

另一派則不同了，此派的領頭羊是威廉二世的父母，也就是當今的太子腓特烈三世和太子妃（是的，所以二世他爺爺和他爸爸是不同派的，貴圈真亂。）這派比較傾向自由主義，立場親英，因為威廉二世的母親就是英國人，她從小就灌輸小威廉對海洋的興趣，認為他要像個冒險家一樣到處探索，除此之外她還很重視二世的教育，請了一堆家教，在老師的教導下，威廉二世小小年紀就學會了游泳、划船、射擊及馬術等多項技能。

然而好景不常，隨著時間的流逝，太子妃類似亞洲家長的本性也逐漸浮現，尤其是在二世兩個弟弟先後夭折後，這種現象越發的嚴重，她開始看不到二世的優點，考了九十九分不會鼓勵他，反而破口大罵怎麼沒考一百分，而且還開始塞更多的課程給他，一週七天二十四小時全年無休，而這個時段好巧不巧，二世剛好進入叛逆期，他越來越討厭他的英國母親，加上他不知怎地，突然發現自己的左手萎縮問題，是因為母親請託庸醫的關係，這可讓他晴天霹靂，母親的形象土崩瓦解，所謂愛屋及烏，憎恨亦然，他開始對英國及相關的一切感到反感，也養成了日後的反英情緒（相反，在二世和他母親鬧翻的時候，他的爺爺和奶奶就開始展開攻勢，鼓勵二世、讚美二世，最終導致了二世除了反英外，還多了一個親俄的立場。）

一八八八年，威廉一世駕崩，緊接著繼位的是他那個自由派的老爸，可是繼位不到幾年就因為咽喉癌逝世了，有人問說：「有病怎麼不看醫生呢？」其實是有的，為了治好心愛的丈夫，威廉二世的母親請了醫術「高明」的英國醫師來看，結果又是一個庸醫，這次更慘，直接把他父親給治死了，時年二十九歲的威廉二世痛苦地大喊：「是英國人殺死了我的父親！」也因此，他的反英情緒又增添了一筆深仇大恨。

在兩位皇帝相繼歸天後，威廉二世接手了帝國的大業，由於小時候的痛苦陰霾，以及對人的不信任，他一上台開始計畫將權力都集中到自己手上，而要完成這一步，最大的阻礙，也就是人稱鐵血宰相，高齡七十三歲的奧托．馮．俾斯麥。

在威廉二世上台之前，由於受到保守派的影響，他其實對這位讓德意志強大的宰相非常仰慕，但是掌權以後，這種態度馬上就改觀了，為什麼呢？因為俾斯麥在讓德意志統一之後，便不打算再繼續打仗了，他認為如果繼續向外擴張，必將會招來各國的圍剿，從而導致德國重新混亂。

不過，威廉二世就不這麼想了，他渴望激進改革，並以強大的海權擴張領土。從小受英國教育的他，雖然很討厭英國，但從這裡面，也讓他學到了不少東西。而在這些知識中，影響他最深的就是「世界政策」的理論，他認為，英國能強大就是因為有一大堆的殖民地，而德國一寸都沒有，「所以現在我二世繼位了，那就是要來拯救德意志的，整個德意志將在我手中復興！」

激進改革的威廉二世，與務實漸進的俾斯麥宰相的衝突已然不可避免，年輕氣盛的威廉處處與俾斯麥這個久經磨練的老宰相唱反調，例如在處理工人起義時，俾斯麥強烈要求鎮壓他們，確立皇帝權威，而二世卻以「我不想一上任就染血」來拒絕他的提議，於是俾斯麥只好退步「誰叫人家是皇帝嘛」，這次被拒絕也就算了，但至少殖民地問題上總要有共識吧，然而事實證明，他倆的思想方式還是差很多，俾斯麥認為德國沒必要佔領殖民地，德國進場太晚了，剩下的都是英法兩國啃完的廚餘，都是鳥不生蛋的地方，如果真要搶好地方，那還得跟英法兩強鬧翻，實在不是好的決定，而威廉二世則認為「德意志的未來在海上，我們要爭奪陽光下的土地，帝國擔負著領導世界的重任」，所以建立個「世界帝國」是必要的。

殖民地問題讓這一老一少徹底鬧翻，俾斯麥往後每提出一則建議，威廉二世就直接看也不看的反對，照他自己的說法就是：「我想讓這老頭再喘息幾個月，然後我就要自己執政了。」

隨著年老體衰，俾斯麥在政務上越來越力不從心，每次吵架聽這小憤青不加思考的言論，都讓他差點吐血，最後在威廉二世的逼迫下，俾斯麥終於表示：「老子不幹啦！」

在卸任典禮上，威廉二世很給面子地出席了，他向各位與會人士表示：「宰相日夜操勞，傷了身體，因此我請託他回去頤養天年，過上好日子。」而俾斯麥看到皇帝這番說詞，只冷冷地回了一句：「不，我的身體從來沒這麼好過。」

從此之後，德意志少了一位股肱之臣，原本規劃透徹的政務計畫被一腳踢翻，德國的未來又該何去何從呢？

老宰相出走之後，威廉二世終於正式展開統治之路，他所做的第一件事，就是開始到處鼓吹自己的世界政策，把自己的大臣全都換成支持世界政策的人馬，隔三差五就開始透過廣播宣揚世界政策的美好，就他自己所說：「我要讓海神的三叉戟掌握在我手中！德國不能只給自己留下一文不值的天空！我們將統治海洋！」

不得不說，威廉二世是一個極具有演講才能的領導人，他很擅長煽動人心，可惜就是有時講話都不經大腦，常常在別人面前高談闊論、誇誇其談，有時候還不知道自己到底講了什麼，此外他也繼承了皇室的奢靡之風，他在執政的十六年期間，讓衛隊更換了三十七次制服樣式，而且他自己也很喜歡玩變裝派對，時而扮成海軍上將，時而扮成勞動工人，時而扮成英國王子，據說他在一天內就曾經創下了更衣四次的紀錄（別忘了那時候歐洲的衣服特別難換，每件都是裡三層外三層包著，更何況皇帝的服裝還可能更複雜。）另外，威廉二世還是個很愛旅遊的人，每年都會去不同的地方遊玩，在位期間他所去過的地方數不勝數，出版《二世教你玩歐洲》應該都沒什麼問題了。

既然二世要爭奪殖民地，依照常理，最快最有效的方法，當然是去發展海軍！利用發展海軍來讓國家強大，確實不失為一個好方法，看西班牙和英國，哪個不是透過發展海軍強大起來的，但是這方法用在德國身上，顯然不會帶來多少成果，我們稍微翻開歐洲地圖就知道，德國的地理位置不適合發展海軍，東西邊都是一望無際的廣闊平原，而南邊則緊鄰高聳的阿爾卑斯山，只有北方可以發展海軍，但是在北方發展海軍，又能做出甚麼大事呢？旁邊就是法國和英國，要出海都得看他們的臉色，只有北海還算能夠佔領一下，可是佔了北海又沒有多大用處。英國占地中海、大西洋，那都是為了殖民地的物資運送，德國占北海頂多只有吃不完的鱈魚香絲，然後就沒了……不得不說，二世在看這方面的眼光，確實「異於常人」。

然而，剛才講了那麼多不該發展海軍的理由，都是事後諸葛，當時的人可沒仔細地想過這些，因為時任大臣們全都是狂熱的世界政策支持者，已經沒人能夠阻止德國往海外擴張的懸崖下跳了，為了加快增強海軍的計畫，威廉二世親自帶頭，讓自己的好友鐵必制擔任國務秘書，鐵必制野心勃勃，誓言要把德國的嬰兒艦隊發展到可以和英國匹敵，以超越英國皇家海軍為目標不斷前進，經過十多年的發展以及多次的擴充計畫，德國政府最終以強大的工業能力和鉅額的軍費支出，將德國海軍發展到了世界第二，僅次於英國。

在發展海軍的同時，為了更大的限制英國的能力，德國也在陸地上動了手腳，包括在甲午戰後參與瓜分大清的行列，以及參加日後的八國聯軍等等，還跟鄂圖曼帝國一起策劃了一個「3B 政策」，這個 3B 政策的大意是說：德國要蓋一條鐵路，從柏林經過拜占庭再到中東的巴格達，總長四千多公里，威廉二世建造鐵路的目的，是希望能夠攔截英國來自亞洲殖民地的物資，從而威脅英國在中東的地盤，使其首尾不能相顧、慌亂成一團，不過直到一戰結束，這個偉大的理想都未能實現就是了。

德國一邊如火如荼的趕進度，帝國的實力也一天比一天強，可是他們卻忘了在強化的同時，其他國家也都在旁邊盯著德國的一舉一動，而其中德國得罪最多的，莫過於英法俄三國了，對法國這個住在隔壁的鄰居來說，自己的暴力鄰居突然購買了一堆開山刀可不是一件好事，普法戰爭的創傷還在隱隱作痛啊！

原本俄國和德國的關係極佳，還一起組了個同盟，後來也因為德國大幅擴充軍備而宣告退出，轉而與英法結盟。德國在失去了俄國後，轉而選擇鞏固南邊奧匈帝國和義大利的邦誼。

若說德國對誰的威脅最大，那就非英國莫屬了，英國原本也和德國相處得很愉快，而且在那時的英國人眼裡，威廉二世的形象是很不錯的，原因是他與英國的國王是表兄弟，而且威廉二世曾在英國女皇維多利亞逝世時，千里迢迢地來送自己的外婆最後一程。

可是，當威廉二世開始學英國強化海軍，並有意地製造國內的反英氣息時，英國馬上就慌了，這是要跟大英帝國互打的架勢啊！於是，一場世界級的軍備競賽就此展開，兩方誰都不讓誰，歐洲大陸瀰漫在戰爭的陰霾當中。

一九一四年，奧匈帝國王儲斐迪南大公被塞爾維亞的刺客刺殺，此時的威廉二世正在北海搭著遊輪跟皇后遊玩，聽到這個消息後，他先是大為震驚，因為斐迪南是二世的好朋友，他們兩個前幾天還一起出去打獵，沒想到人就這麼說走就走了，他先為好友哀悼了幾分鐘，立馬轉換表情，露出興奮的表情大呼：「這是千載難逢的機會啊！走了，回柏林去！」

當然，威廉這次回去是為了觀察動靜，還要看各國對事件的反應。此時的奧匈國內已經亂成一團，多數大臣表示一定要復仇，奧匈皇帝對此猶豫不決，因為他害怕可能會導致連鎖反應，讓俄羅斯也參進來，於是他寄給威廉二世一封信，希望德國能夠站在自己這邊幫忙對付俄國，這樣他才敢宣戰，收到這封信的二世，馬上就爽快地答應了這個要求：「老弟，你儘管向塞爾維亞宣戰吧！俄國不會參進來的，大哥罩你，別怕！」

於是，奧匈在德國的慫恿下，對塞宣戰，一次世界大戰正式拉開序幕。

然而，事實證明，威廉二世的眼光又出錯了，奧對塞宣戰後，俄羅斯就馬上表態會支持他的斯拉夫兄弟，並且開始跟盟友法國聯絡，這下威廉二世就很火大：「我們教訓塞爾維亞是伸張正義，關你們甚麼事情？」威廉二世緊接著向俄國的沙皇表弟和法國總理發出最後通牒，要求他們不要多管閒事，結果想當然，被無情地拒絕了。

惱怒的威廉二世，隨即向俄法宣戰，而就在此時，冷眼觀望局勢的英國也突然加入進來支持俄法，至此一戰的雙方，總算都算是選好邊了。

戰爭爆發後，威廉二世簽署總動員令，命令所有軍隊即刻出擊，此時等待戰爭已久的各個狂熱到極點的德國軍人們早就已經按耐不住了，他們火速地先往西邊攻克比利時，緊接著以雷電般的速度攻入法國境內，法國雖然也有大批軍力駐守著，但面對德軍如狼似虎不要命的強大攻勢，逐漸節節敗退、潰不成軍了。開打沒多久，德國就佔領了法國東北，德國軍隊距離首都巴黎只剩下二十五公里，如此可怕的攻勢嚇得法軍各個臉色慘白，相比之下，德軍勢如破竹，一切發展都正如預期般的快速！

而此時在德國國內，由於戰場上軍人們攻無不克的優秀戰績，整個國家都跟著沸騰了，不知曾幾何時，國內的反對聲浪，也全部被皇帝陛下萬歲的呼聲取而代之，二世本人也龍心大悅，他在一次的演講裡講到：「開戰前，許多政黨一直對我有許多批判，但現在不一樣了，現在不分黨派，大家都是同胞！」

此時應該是二世一生當中最輝煌的時刻，然而這種輝煌也持續不了多久了，隨著西線開始進入壕溝戰階段，以及英國遠征軍的大批登陸，德軍的進軍速度大幅減低，戰線越拉越長，物資越來越缺乏，整個西線都進入了一個僵持的狀態，而其後的馬恩河戰役和凡爾登戰役，德軍更是死傷慘重，元氣大不如前。

先前提到德軍在開戰前，一直把經費投入到海軍，那麼他們的海軍，究竟在戰爭期間做了甚麼事情呢？其實在開戰之後，德國海軍已經和英國海軍勢力相當了，兩方戰艦傾巢而出，打了一場日德蘭海戰，威廉二世原本以為訓練精良的海軍，能徹底消滅英國的制海權，但戰爭結果卻是德軍艦隊幾乎被英國人打到水底，威廉二世長久以來的心血毀於一旦，而其後，英國對德國實施封鎖，德國進入了四面楚歌的處境。

此時的二世，受到現實的挫敗和對勝利的幻想影響，意志開始逐漸的頹廢和消沉，這時的他，已經無法做出正確的判斷，只能聽從將領的建議，任其擺佈，完全成了個影子皇帝，原本熱衷戰爭的他，現在反倒被戰爭拋棄了。

一九一七年，威廉二世做出了人生中最錯誤的決定，那就是發動無限制潛艇戰。

德國開始對一切往來大西洋的船隻不分青紅皂白的發動攻擊，無限制潛艇戰原先目的是要突破英國的封鎖，結果好死不死打到中立國美國的船隻，這下美國人民全都怒了，他們之前就打算和德國打一仗，可惜沒有冠冕堂皇的理由不好加入，這下倒好，剛想瞌睡就有人送上枕頭，怒不可遏的美國隨即對德國宣戰，德國已經陷入了絕地，戰敗就在眼前。

一九一八年，隨著德軍的最後攻勢失敗，威廉二世為了不讓德國滅國，開始轉而向協約國求和，但就在求和的這段期間內，國內出大事了！由於戰爭的失敗以及其所造成的各種負面影響，已經讓德國人民大崩潰，沒人敢再誇口戰爭會贏了，國內到處瀰漫著厭戰的情緒，人民的口號由「皇帝萬歲」轉成「打倒政府」、「廢除帝制」、「我們要麵包！」此時的皇帝，已經成為了眾矢之的的攻擊目標。

各地不斷爆發示威起義，而其中最大的一次起義是基爾港的海員起義，起因就是軍方打算孤注一擲，將所有海軍集結起來，發動一次自殺式作戰，但這群海員可不是日本人，他們不願為了沒有希望的作戰去送死，結果軍方就逮捕了這群保家衛國的士兵們。在德國，誰都可以得罪，就是不要得罪軍人，被鎮壓後，基爾港的殘餘海員發動起義，人民的怒火也被燃起，同年十一月，革命爆發，二世被迫退位以安民心，德意志帝國滅亡，二世也開始了他的流亡生活。

三十年河東，三十年河西，威廉二世此時可謂是人人喊打的過街老鼠，偌大的歐洲竟沒有他的容身之處，最後還是荷蘭的女王因為跟他是親戚才勉強接納了他，到荷蘭後，他住在一個破舊的小城堡裡，有事沒事就一直在想復辟的事情，想累了就帶人跑出去外面砍樹，威廉二世很愛砍樹和打獵，據說他曾經創下一個禮拜就砍下兩千棵樹的驚人紀錄。

在荷蘭的這段期間，威廉二世也很關心德國乃至整個歐洲的政局，一九三三年納粹黨上台後，他就馬上捐了兩百萬馬克資助納粹黨，還把兒子也送去入黨，另外他也很看好希特勒的政治手段，對納粹能夠讓德國再次強大感到佩服，不過背後的目的還是希望希特勒能夠幫他復辟帝國就是了。

可是到了一九三八年，威廉二世對納粹的印象就轉變了，因為希特勒開始在國內打壓猶太人，威廉得知後勃然大怒，他怒罵希特勒是德國的恥辱，還說：「知道德國發生了這樣駭人聽聞的事後，我為我身為德國人而感到恥辱！」面對老皇帝的批評，希特勒和戈培爾想透過每年給予生活費的方式對其封口，但是遭到了威廉二世的斷然拒絕。

二次世界大戰爆發後，威廉二世極力希望希特勒不要進攻荷蘭，但大勢所趨，他的話又能發揮多少作用呢？一九四一年，德國佔領荷蘭，同年，威廉二世在自己的小城堡內病故。他死前留下兩遺言：

(1) 喪禮上不要出現納粹卐字旗。

(2) 在帝國復辟前，不要把我的遺體送回德國。

可憐的是，威廉二世死後，希特勒還是在他的喪禮上放滿卐字旗。威廉二世的兩個遺言只完成了最後一個，至今他的遺體仍然安葬在荷蘭。

威廉二世壞歸壞，但也只是想贏得別人的認同罷了，我們可以從反對打壓猶太人方面，看出威廉二世其實至少還是有點良心的，死後不能遂其所願，也真是蠻可悲的。

老師不好意思教的

10

大正天皇

把皇家詔書**捲起來**，就變成望遠鏡了！

——大正天皇與他的**大症時期**

世界奇葩史

生活在台灣的我們，肯定對日治時期那段歷史非常熟悉，如果要論台灣人受日本統治最舒服的一段日子，那就要提到我們的「大正民主時期」了。

在講大正之前，我們先了解同一時期的天皇作風。大正之前是明治，他在對待台灣方面比較不客氣點，動不動就搞武力壓制，還將學校分成小學校和公學校，總而言之就是不想讓日本人和台灣人待在一塊兒就是了。而大正之後的昭和，起初對台灣不算差，不過後來走上了軍國主義的不歸路，讓百姓過得有一餐沒一餐，天天都得躲天上的轟炸機。

那麼，大正時代呢？

如果說明治和昭和時代是舞刀弄槍的小流氓，那麼大正時代就相當於穿上西裝、打上領帶的年輕政客，在那段時光可以說是人們過得最舒服的一段日子了，台灣經歷了前所未有的民主化進展，國外留學生也在大幅增加，我們所熟知的台灣文化協會、台灣農民組合都是在這時候誕生的，以知識份子為核心領導的政治團體以非暴力的方式，爭取本地人的自由民權，並與政府談判周旋，在法治為主的情況下，一切似乎都看起來有希望。

天皇陛下

大正天皇在幼年得過腦膜炎，從此腦子便不太清楚，大臣們猜不透他的下一步，總是為了他的特立獨行發愁。大正的爸爸明治天皇起初也不想傳給他，但是他生的五個男孩裡面四個都夭折了，只剩大正還活著，在別無選擇的情況下，只能將他立為皇太子。

我們都知道，日本人的皇權是以「萬世一系」出名的，天皇的血液要代代相傳，不允許使用民間人士的血液，因此為了保持血統的純潔，大部分天皇都是在近親屬裡面選拔皇后，用難聽一點的說法，就是所謂的「亂倫」。這樣的方法雖保證了血液，卻不免造成了皇室之內出現了許多混亂，學過國中生物的都知道，近親繁殖很容易讓一些原本呈現隱性的遺傳性疾病跑出來，從而讓後代染上遺傳性疾病，讓物種的適應力降低。

也許是命運使然，大正就在這種情況下，接任了他老爸的位置。

要說大正天皇的外表，那可真叫一個堂堂正正、不怒自威的好漢，若從後世留傳下來的照片來看，大正不但絲毫沒有遲緩兒的樣子，甚至比一些人長得還要帥氣。大正是一個狂熱的西方崇拜者，那個時代德國十分強大，他就留著威廉二世的牛角鬍子，日本的風太大，吹得他的鬍子亂飛，他就在鬍子上塗滿凡士林固定。古代的天皇要在不同的儀式中，穿著不同的禮服，他卻整天穿著一件仿製德國騎兵的軍禮服，上頭貼滿了各類獎章，在莊重的日式皇宮裡顯得格外別致。

照片裡的大正天皇，大多數都是身著軍裝、留著八字鬍、手扶軍刀，大有放眼天下舍我其誰的架勢，實際上他的本性卻非常幼稚，經常在大庭廣眾下做出一些非常可笑的行為，就拿他的繼位典禮來說好了，大正天皇起初吩咐木匠們打造一個重達八噸的御座，外表鑲銀鑲金，看起來非常豪華。但到了繼位那天，大正因為懷念他的爸爸明治，心情覺得很不好，所以不願意居於御座，皇太后催促了好久，大正還是不聽，最後大家奈何不了他，只好讓大正在旁邊發表即位的致詞。

大正天皇的個性，一輩子都沒改過，有一天，日本的國會議員和外國大使都在國會議事堂，出席一個重要會議開幕式，大正天皇聽著政府官員講話，心裡覺得非常無聊，突然他靈機一動，一邊傻笑，一邊把詔書捲成圓筒，對著外國大使當成望遠鏡使用，令全場非常驚訝，很多國會議員不禁小聲嘟囔起來，這件事情史稱「望遠鏡事件」。

這種蠢事還不只一樁，在一年一度的秋季陸海軍演習時，大正天皇突然從閱兵台上一躍而下，跑到行軍的隊伍裡面，親手打開一個士兵的背包，然後和普通的行軍部隊一起通過閱兵台。

不過，很幸運的是，正是大正天皇的狀態，讓他能配合天時地利人和，成為日本的一代明君。

史上最天才的奇葩

二十世紀初是舊文化轉向現代體系的時代，由於人類還在摸索新的事物，許多事情都還停留在理論上，我們現在都知道軍國主義是行不通了，但在當時，以侵略擴張來換取國家富強，是各國普遍認同的道理，妄圖一蹴而就，靠著投機取巧瞬間變強，是各國領袖致力推行的美夢。他們當時不知道，這種瞻前而不顧後的想法，往往會為國家帶來毀滅性的災難，比如辛亥革命後的中國、威廉二世繼位後的德國就是很好的例子。

當時的日本經過變法維新，已經成為東亞第一強國了，心裡也難免自我膨脹，萌生了武力擴張的想法，但此時國內的經濟基礎尚未打好，加上國內市場狹小、資源貧乏，如果真的打起大規模的戰爭來，日本肯定是撐不住的。最正確的方式，就是承接明治天皇的那一套措施，朝向平穩發展的方向邁進，只有這樣，才能讓國家安安穩穩、紮紮實實地走向康莊大道。

大正天皇雖然不知道該如何處理政務，但因為他不敢繼續搞激烈改革、又不敢否定明治維新，正是這樣的心態，讓日本延緩了軍國主義的不歸路。

在執政初期，日本表面上經過明治天皇的努力，已經成為一個突飛猛進的強國，但事實上，明治天皇留給大正的，是一個充滿各種漏洞的紙老虎，看起來威武雄壯，其實只要輕輕一推，紙片便會隨風而去了。當時國內有兩個問題，第一個就是國庫空虛，明智年間連年不休的戰爭把日本的國庫給透支殆盡了，第二個就是軍費支出過量，如今沒在打仗了，國防支出還是壓不下來。

在那時，日本在俄羅斯邊界駐軍的花費非常之高，陸軍軍方就像一隻吃不飽的獅子，吞食著日本的財政命脈，頻頻索要更多軍費，有很多內閣都因為這件事情被氣得辭職，如果照一般人來講，他可能會面臨以下選擇：

A：昭和式作法，軍隊不用白不用，與其把他放在邊界，不如戰個痛快！
B：平成式作法，縮減軍方費用，不然日本真的要被拖垮啦！
C：放著不動，船到橋頭自然直。

大正想都沒想，直接以C選項結束這回合。他原本只是懶得處理，但他卻歪打正著，做出了最正確的打算。若是他採用A選項，即使能夠打敗附近的其他國家，取得土地，獲得更多資源，但是軍費也將急遽膨脹，最終陷入無限循環的惡夢；而若是採用B選項從中插手調解，那麼軍方表面即使說好，心裡也肯定不服氣，倘若得罪他們，以後肯定會出大問題。國外有一句俗語叫少就是多（Less is More），最適合套用在這不過了，大正雙手一攤，讓事情交給其他人處理，給予這件事情翻轉的機會。

軍方與議會搞對立，老百姓其實都看在眼裡。如今議會一塌糊塗，天皇不出面調解，百姓挺身而出，不再忍耐軍隊的胡作非為，拒絕繼續徵收龐雜的稅務！千百萬民眾不約而同湧上街頭，高喊「打倒閥族，維護憲政」的口號，憤怒的民眾包圍國會，襲擊警察局、派出所，形勢迅速惡化，執迷不悟的軍方這時才知道，原來他們最可怕的敵人，從來不是議會官員，而是人民群眾，他們自己現在是在跟整個日本做對！這就是日本歷史上著名的「第一次護憲運動」。

支持軍方的桂太郎內閣在一片謾罵聲中默默下台，日本資產階級以民主的方式，第一次戰勝了強大的保守勢力！大正天皇用他獨特的「政治手腕」，解決了多年未能化解的政治隱憂。

大正天皇的私人興趣

以第一次護憲運動為起點，民主思潮進入了穩定進步的階段，在大正天皇的無為而治下，這個古老的東方國度退去了陳舊的表皮，呈現煥然一新的風貌！政治再也不是幾個大佬們協商後的產物，而是人人都得參與的義務，人們的思想受到啟蒙，不認同當政者的治國方式，便會自動自發地行動，這種自覺精神，便是大正民主最難能可貴的地方。不過很可惜的是，大正天皇的在位期間只有短短的九年，曇花一現的民主氣息就這麼隨著他的離去，消失不見了。

在這九年間，日本的老百姓度過了最舒適的一段日子，但日本皇室卻度日如年，大正管不住自己，總要讓皇室為他留下的爛攤子擦屁股，在他繼位不久後，就鬧出了好多令人哭笑不得的事情：

(1) 筷子指揮手。大正喜歡聽軍歌，一到傍晚就讓儀隊唱歌，他自己則拿一根筷子站到前面指揮。

(2) 小朋友遊戲。大正喜歡玩遊戲，他讓士兵們在他面前玩兩人三腳、兔子跳、倒立競賽等，還須興致所來，立即表演。士兵們時而翻滾，時而做著滑稽的動作，發出「哈、啊」的怪叫聲，逗得天皇笑了起來。

(3) 逃出皇居。大正如果覺得無聊，就會偷偷跑出去皇居外面遊走，而且這種情況還不只發生一次，守衛們都很納悶，為什麼天皇可以順利繞過所有監視，並在大門緊閉的情況下跑到外面去，難道他會瞬間移動嗎？

(4) 犒賞大臣。開會的時候，大臣們如果發表意見，大正天皇就會非常自然地把桌子上的香菸取出來，分給那位說話的人，這從他當皇太子時就這麼做了。

除此之外，大正還幹過一樣驚天動地的大事，在他三十四歲生日那年，日本政府為他舉辦了很隆重的祝壽儀式，皇親貴族們全都來了，民眾也魚貫進入殿前廣場向天皇祝福，但是大正天皇卻在家裡鬧脾氣，不肯出來見客，他說他生日是八月，天氣太熱了，出去會不舒服，於是就擅自把祝壽日改成秋天的十月三十一日，臣子們奈何不了他，只能乖乖配合。

一代「明君」的殞落

到了大正執政的第十年，繁忙的國政令讓他虛弱的身體承受不住了，連續發作了好幾次嚴重的腦血栓。從此他變得步履蹣跚，行動困難，記憶力極差，雙手也不太好使。而且智力也愈發衰退，大正的理解力退化成幾乎像是幼童一樣，不僅經常做一些誰都不能理解的事情，而且已經發展到了無法流暢朗讀聖旨的地步。

為了不讓大正天皇的古怪行為影響大局，政府制定了一系列條令來約束他的舉止，實際上從這時開始，大正也開始從民眾的視線中消失，他處於隱退狀態，在政治的重要會議上，只是象徵性地出席一旁，鮮少有發言機會。到了一九二六年，大正天皇病重逝世了。

或許，大正一輩子都沒辦法達成大家對天皇的期許與想像，他不英明、不神武，從頭到腳看來，只是普通得不能再普通，但正是他，使得皇權不那麼強橫、軍人受到政府制約管控，讓日本在危如累卵的時代裡，依然創造出一代經濟盛世，也正是他，讓軍國主義延遲發展，平民百姓得以做到獨立思考，免受於盲目的忠君愛國理念影響。

至於讓大正深受其害的皇室血統規定，大正展現出了心地善良的一面，致力推動一夫一妻制、以及娶平民女子當皇妃等改革，你問他做這些有甚麼好處？其實對他完全沒有一絲利益呀！他只是想讓將來的皇室政權，不再受到基因缺陷折磨，能夠自由自在地做人。雖然最後礙於國內反對聲浪不斷，讓這個偉大的夢想最終成空，但是一個世紀以後，大正的夢想最終成為現實，明仁天皇（也就是平成）成為第一個娶平民女孩為妻的天皇。

或許在那個年代，天皇的直就是大智慧，才會不顧身旁的迂腐，把最真實的一面吐露出來。

11

溥儀

皇室料理，其實跟你想像中的不同

——末代皇帝溥儀的**私房菜**秘笈

溥儀的一生也是非常坎坷的，他的三次登基都非他如願。有人說他是漢奸，個人倒不認同，就溥儀所生長的環境裡面，他的眼裡根本沒有「漢」這個大統一的概念，且人家身為滿族親貴，也沒有必要遵循漢人政權的道德價值觀。

在二十世紀風起雲湧的政治局勢裡，溥儀面臨千秋祖業將覆亡於今的壓力，立志恢復滿清政權，帶領國家走向富強。然而他又沒有一點政治底子，主流的政治家、軍事家也不向他靠攏，溥儀只能倚靠一些非主流、或者說是想利用他的人，復辟自己所心愛的清朝，這也是為什麼溥儀在每一次動亂都搶著登場，而每一次登場，卻都是無權無勢的可憐傀儡的主要原因。

不過，今天可不是要講溥儀的嚴肅歷史，讓我們換個角度來看事情——溥儀作為滿清最後一任皇帝，又是史上第一位寫回憶錄的皇帝，他的歷史資料肯定很多，那麼我們是否可以從溥儀那龐大的史料裡面，抓出幾個重點，還原出皇帝吃飯的情景呢？

暴飲暴食的小吃貨

溥儀的生平很有趣，才三歲的時候，就作為滿清的最後希望，被倉皇登上了歷史的舞台。

溥儀小時候沒有人敢動他，作為萬人之上的皇帝，他非常頑皮，經常作弄太監和宮女，而且他們還不敢反抗溥儀。電影《末代皇帝》有一個片段，年少的溥儀為了顯示自己多威風，隨手拿起一瓶墨汁，命令一旁的太監將它全部喝下，那名太監露出極其難堪的眼神，又機械式地遵從吩咐，津津有味地吞下去了。事實上，這個片段可不是隨意捏造的，溥儀也曾自己承認：「有一次，大約是八九歲的時候，我想試試那些百依百順的太監是不是真的聽聖天子的話，我就挑出一個太監，指著地上一塊髒東西對他說，你給我吃下去，他真的趴在地上吃了下去。」

溥儀小時候還幹過很多事情，比如將藏有鐵砂的雞蛋送給太監吃，拿鉛彈把所有窗戶都打破……種種黑歷史多不勝數。溥儀小時候的腸胃極其不佳，一吃多了就拉肚子，但他卻非常喜歡吃東西，總是暴飲暴食，若是有人制止他，反倒會大大刺激其慾望。

紫禁城每個月有兩次大開城門，王府會按例派遣車隊，贈送太后各式各樣的山珍海味，不料有一次竟被溥儀看見了，他憑著本能，拼命地跑進一輛馬車裡面，挑中裡面的一個餐盒，拆開繩子，打開蓋子，是滿滿的豬肉片！這時一旁的太監也注意到馬車裡面的動靜了，溥儀急忙挑中一個最大的，拔腿就跑！太監大驚失色，連忙來搶，兩個人圍著朝貢的車隊轉阿轉，直到溥儀把肉片用力吞下。

那麼，究竟誰可以制止頑皮的溥儀呢？這就要提到溥儀的乳母王焦氏，她握有掌控溥儀的最大把柄，那就是——喝母乳！

宮中的不少人都覺得照顧溥儀的飲食很麻煩，少了溥儀會不高興，多了溥儀會拉肚子，不過說也奇怪，王焦氏的奶就像是靈丹妙藥一樣，溥儀一喝下，那餐就會平安無事。王焦氏在溥儀的心中占有很大的位置，由於宮中許多人對溥儀都不好，只有王焦氏一直悉心照顧溥儀，所以溥儀有很強烈的依賴情節。

溥儀在九歲以前都還吃母乳，他通常是在吃飯之前喝母乳，如果王焦氏忘了來，溥儀就會耍小脾氣，背對著山珍海味的美食，連一片豆莢都不吃。

「在九歲之前，乳母是使我唯一保留了人性的人。現在看來，乳母走後，在我身邊就再沒有一個通人性的人。」

其實，王焦氏的母乳之所以神奇，是因為清廷有一種獨特的篩選機制，當初在選皇室御用奶媽時，面試的人要把奶水擠下來，放在一個白瓷盤子裡，之後再等個幾天，讓奶水隨風蒸發掉。如果奶水的品質夠好，蒸發過後不會有異味、不會有雜質、而且盤子仍會是潔白乾淨的。滿足這些條件，就可以進宮任職。

能通過篩選的人很少，王焦氏正是在重重關卡裡面，精挑萬選出來的奶中之奶，這種奶水喝起來自然堪比奇藥了。而母乳也成為溥儀在小時候，最喜歡的一道餐點，雖然這東西根本稱不上是飯菜，連飲料都不算，但仍是溥儀的最愛。

華而不實的料理

長大以後，溥儀的菜色也逐漸豐富了，他也可以體驗我們電視劇裡面，那種「好多好多菜，一起擺在桌上，任君挑選」的場面了。皇宮裡面沒有特定的吃飯時間，不像上班族只有中午十二點到一點用餐這麼死板的規定，當溥儀覺得餓的時候，他就會吩咐一聲「傳膳！」

跟前的御前小太監便照樣向守在養心殿的明殿上的殿上太監說一聲「傳膳！」殿上太監又把這話傳給鵠立在養心門外的太監，他再傳給候在西長街的御膳房太監……這樣一直傳進了御膳房裡面。不等回聲消失，一個猶如過嫁妝的行列已經走出了御膳房。這是由幾十名穿戴齊整的太監們組成的隊伍，抬著大小七張膳桌，捧著幾十個繪有金龍的朱漆盒，浩浩蕩蕩地直奔養心殿而來。

聽起來有夠威風對吧？一群人抬著世界各地的美食，魚貫而入供您吃喝，想想都覺得刺激！不過我們回到現實面，皇上能隨時隨地呼喚用膳，這乍聽起來很威風，實際上卻金玉其外，敗絮其中！這些菜餚之所以能夠在一聲傳膳之下，迅速擺在桌子上，是因為御膳房早在半天或一天以前就已做好，早就冷掉了！

即使是多麼饞涎欲滴、口角流涎的美食，過了火侯味道就全不對了，溥儀自然不喜歡冷菜冷飯，吃完這些排場後，往往會鑽進後宮再吃一頓，太妃們的用餐方式比皇上寬容很多，她們各有各自的膳房，如果想吃甚麼就吩咐一聲，廚師會現場製作。皇上的格局雖大，吃到的東西卻是冷的；嬪妃的格局雖小，吃到的東西卻是剛出爐的。

整日往返於後宮之間

在我們的印象裏面，隆裕太后就是慈禧太后2.0，是阻礙革命的老太婆，人人得而誅之。在溥儀眼裡，慈禧太后之於光緒，就等於隆裕太后之於自己，太后正經的事情不幹，就只知道整天欺負惡整他與家人，每當溥儀飢腸轆轆地走到後宮前，總要避開太后的住處，免得她又想沒事找事兒做，到了太妃的住處，溥儀就自由了，這群前朝妃子很有良心，總是以最新鮮的食材款待他，就跟外婆餵孩子一樣，把溥儀餵得鼓腹含和。

對那些拯救肚子於水火中的妃子們，溥儀很是感激，每逢年節或太妃的生日（稱做「千秋」），溥儀便會吩咐膳房也要做出一批菜餚孝敬那些太妃，雖然飯菜依然是冷的，但是場面壯大，讓太妃們感覺很體面，這也算是一種另類的報答吧。

相比之下，溥儀的遠房親戚，末代鎮國公恆煦就沒有那麼幸運了，他不像溥儀會拐彎抹角偷吃太妃的食物，在王朝覆滅之前都遵循禮法，吃排場大的冷飯，久而久之這種習慣就成了他腦袋裡根深柢固的執念。滿清政府被推翻以後，恆煦的日子越過越窮，有天跑到北京的菜市場買了兩個燒餅，當小販把燒餅用紙包好放在他手裡時，恆煦還想慢慢地等著它冷，直到餓不住了，這才一口咬下。「喀擦！」恆煦這才發現，原來熱食是多麼好吃的東西啊！簡直是魔法，讓餅皮變脆，讓味道變濃，讓食物變得有嚼勁，味道簡直好極了，實在是太好吃了！從此之後，恆煦再也不吃豪華排場的冷飯，只願蹲在北京的小胡同前吃燒餅，體驗生命的美好。

講完了溥儀在宮中的日子，那麼慘痛的故事就要開始了，我們小時候都想快快長大，等到長大又極力想念小時候的美好，溥儀也是如此，他小時候想快快長大、想結婚、想做個有實權的皇帝！但是等到真的長大後這才發現，原來長大不是想像中的那麼美好的。

辛亥革命爆發了，滿清王朝被迫簽署退位詔書，正式終結了中國四千年以來的封建專制制度。溥儀雖然能待在紫禁城裡，繼續享受清朝皇帝的優待地位，但從此不再具有管理蒼天百姓的指揮權。

其實對溥儀來說，滿清覆亡對他來說其實生活實質上沒甚麼差別，他還是在宮中過著日復一日的皇帝生活，吃飯的時候照樣是幾十種菜，而且每樣只嘗個幾口，就直奔後宮去了。直到十四歲那年，溥儀往返太妃宮殿討飯的生活這才終止下來，為什麼呢？因為他不屑再吃中式料理了！

介於難吃與好吃問的西餐

十四歲是甚麼年齡層呢？正是血氣方剛的叛逆期啊！那時候的溥儀，再也不屑甚麼儒家禮法、宗主制度，他像是那時代的普通年輕人一樣，崇尚西方制度，希望能多接觸西方文化與思想。

這時候，溥儀也終於見到了改變他一生的老師——莊士敦。莊士敦畢業於牛津大學，是一位會講中文的蘇格蘭人，平時梳著油頭、戴著洋高帽，看起來很氣派，他擔任溥儀的家教，讓他學習國外的新事物，在這位老師的引導下，溥儀剪掉了象徵滿清的辮子、戴起西式的眼鏡、還學會騎腳踏車。莊士敦在紫禁城裡架設電話，溥儀就偷偷打給了胡適，和他聊天，甚至還邀請胡適來紫禁城作客，有趣的是，胡適竟然答應了。

但重點是，在莊士敦的開導下，溥儀學會吃西餐了！

溥儀在認識莊士敦之前，曾經吃過一次西洋料理，那次可不是很好的回憶。他和婉容在聊天時，話題跑到了西餐那裡，婉容拍胸脯，說他在天津出生，之前吃過幾回，當她問溥儀有沒有吃過時，溥儀吱吱唔唔回答，一次也沒有。被自己的妻子比下去，讓溥儀心裡很不舒服，他叫來太監到六國飯店打包了一大套西餐帶回宮裡，拿起一雙筷子就大快朵頤，不過西餐的味道讓他很不習慣，菜還沒吞下去，就急著吐出來：「太難吃了！太難吃了！」面對此番狼狽的情境，婉容又是一番嘲笑，溥儀解氣不成，受到一萬點的打擊。

而於溥儀而言，雖然第一次的體驗不是很美好，但至少打開了他的西餐之路。莊士敦來了之後，溥儀又重新燃起西餐的熱情，他在報紙刊登一則《清室添設番菜廚房》，高薪應徵會煮番菜（西餐）的廚師，接著又在宮內添置了銀質的二十把刀叉，三把咖啡壺，洋盤洋碗二十件，以及兩個冰淇淋桶，一時之間，紫禁城的廚房中西合璧，西餐餐具和中式餐具各占半壁江山。

溥儀最初還是吃不慣西餐，就先從最簡單的冰淇淋開始入門，稍微適應後又開始嘗試新的洋食，到最後連鹹食也都習慣了，每天的餐單上出現了麵包、奶油、牛排、燻鮭魚、玉米濃湯、各種百花撩亂的西式餐點等等。

當然，除了吃得到位，西餐禮儀也是不可少的，莊士敦也教導溥儀：「禮貌十分重要。如果喝咖啡像灌開水，拿點心當飯吃，或者叉子勺兒叮叮噹噹的響，那就壞了。在英國，吃點心、喝咖啡是 refreshment（恢復精神），不是吃飯……。」儘管溥儀對龐雜的西餐規則沒辦法全部記得，經常吃到第二塊點心就把吃第一塊的警惕忘得一乾二淨，但是這些新潮的事物，還是在溥儀的記憶中留下了深刻的印象。

墜落的蘋果

一九二四年的某一天早晨，城外喧鬧聲不斷，十九歲的溥儀正在宮殿裡吃蘋果，沒有多加理會，突然一位使節帶著修正的《清室優待條約》來到了城內，他說馮玉祥在北京發動政變，他帶領大批軍隊，要求溥儀簽字取消尊號、滾出紫禁城。「我一下子跳了起來，剛咬了一口的蘋果滾到地上去了」，使節接著說，他們在附近已經架好大炮，二十分鐘後將轟炸紫禁城，除非溥儀簽字，不然誰都別想跑。

溥儀被嚇傻了，他自從繼位以後就缺乏政治經驗，不知道使節其實是在嚇唬他，其實根本就沒有什麼大炮，即使有，也不敢轟炸這座文化古城，但溥儀一時之間相當恐慌，沒辦法冷靜下來想那麼多，只好低頭乖乖簽字，離開了他的家，他的紫禁城。

有趣的是，溥儀出宮後的第二年，北京故宮博物院成立了，專家學者們組成龐大的調查小組進入紫禁城，清點皇室的各類文物，保護其免於危亡，在《清室善後委員會點查報告》裡面，記錄了一個細節：「北向臨窗一大炕置書籍雜物，更有一炕桌，上置蘋果半個，是倉皇出走時，未食畢而投之之品，乃一有趣之故實也。」

這半顆蘋果，應該就是溥儀不小心摔到地上的那顆，第一批學者進駐前，溥儀已經離開了整整六個月，這半個蘋果就在地上穩穩地待著，既沒有腐爛，也沒有被蟲吃掉，也算是歷史上的一大奇蹟了。

溥儀的歷史評價

其實溥儀的後半人生都是很可憐的，由於《清室優待條約》被取消，他一時間從天堂直墜人間，開始為平常人的瑣碎事發愁，比如錢財以及婚姻，最後甚至被日本人連哄帶騙，被安排進東北當皇帝，使他的後半生都受到綑綁。

吃一直是作為人類最基本的生活享受，也是文化傳承的重要見證者，溥儀從中餐到西菜，也象徵著大時代下意識形態的轉變。溥儀的本性不壞，他一直想讓滿清脫離愚昧，走向國際化的康莊大道，他想讓國家富強、人民富足，和那些耳熟的革命家比起來，方法雖然不一樣，理想都是相同的。

只可惜，溥儀的舉止可以象徵得了那個時代，卻無法影響得了那個時代。大江東去，浪淘盡，清朝的時代已過，作為舊時代象徵的溥儀，即使能有點名氣，但仔細一看，也只不過是各方政客權衡之下的一粒棋子，也許甭管他學了多少國際餐飲禮儀，吃了多少西方的精緻牛小排，人們對他的定見總是如此，這就是溥儀與生俱來的命運。

老師不好意思教的

邱吉爾

我為什麼擁有百分之兩百的健康

——英國首相邱吉爾的**酒醉人生**

12

世界奇葩史

歷史上會喝酒的名人很多，古人有道是「無酒不成文無酒不成樂」，酒除了舒暢靈魂之外，也常用於表達自身的心境，像是我們熟知的李白、杜甫，清醒時有太多的顧忌，太多的牢籠，如果不喝上幾口濁酒，那可連一句文章都寫不出來呢！

不過，同樣是酒，放到邱吉爾的嘴巴裡，卻呈現截然不同的樣貌。邱吉爾是一位酒鬼，每天浸泡在酒精裡，一生寫不出一行詩，也沒有多少文藝的美感，他喝酒只是因為酒能暫時忘記他的煩惱，化解他在政治上的不得志，就邱吉爾本人所說：

「我沒有香檳就活不下去；在勝利的時刻值得來一杯香檳，頹敗時我也需要香檳。（I could not live without champagne, In victory I deserve it. In defeat I need it.）」

文人墨客多半好酒，歷史傳奇也大多伴隨著酒，但是翻閱史料，我們可以看得出，邱吉爾真的是一名喝酒喝得很沒有美感的人物，我們僅舉三例：

(1) 到國會殿堂開會時，滿身酒氣，臭得女議員開口破口大罵。
(2) 在辦公室偷偷攜帶一瓶白蘭地，工作期間多半在醉醺醺地狀態度過。
(3) 與德國開戰，希特勒在公開演講嗆他是「那個被猶太人收買的老酒鬼」。

不過，即使這樣，邱吉爾仍是一位值得尊敬的英雄，他雖然喝酒喝得誇張，卻喝出了一股生活大智慧出來，更是靠著喝酒，挽救了一個國家民族的命運。

邱吉爾的飲酒歷史

邱吉爾曾經說過：「如果不喝酒，那就不能算一頓完整的飯。」他的飲酒史已經不可考，據信應該是起於一八九五年，當年他十九歲，由於年輕氣盛，想為國家盡一份心力，因而前往古巴參軍，任職於情報部門，負責回報戰爭消息。軍中的生活是刻苦的，邱吉爾壓力頗大，很需要一項寄託來發揮情緒，既不是宗教信仰也不是有氧運動。邱吉爾在因緣際會之下接觸了當地盛產的蘭姆酒，這種酒很特別，雖然酒精濃度很高，但是幾乎感覺不到嗆辣感，深得邱吉爾的喜愛。

後來邱吉爾隨部隊調往印度，報導印度北方部落發生反抗英軍的武裝起義，這時他已經沒有蘭姆酒的陪伴了，退而求其次，開始飲用威士忌，在當時來講，蘭姆酒相較於威士忌較為低階，但是邱吉爾卻不大喜歡威士忌帶來的強烈嗆辣感，不過在面對印度惡劣的水質環境，邱吉爾只好添加威士忌，緩解水中的臭氣。

有些事情，剛開始嘗試時會無比反抗，但當適應的日子過去了，卻巴不得抓著它不放，威士忌就算是一例，邱吉爾經過一段時間適應，終於習慣威士忌的獨特口感，體悟到蘇格蘭釀酒精神的博大精深。邱吉爾事後曾回憶到：「一旦開始嘗試之後，你會不由自主地被它的風味所吸引。」

邱吉爾將威士忌倒進溫開水中，這樣一來嗆辣的酒精味便會變淡，從而引出威士忌潛藏的芳香，這種飲酒方法後來傳到了日本，又被稱為水割（Mizuwari）。邱吉爾當上首相後，曾試著將威士忌加入蘇打水（氣泡水），這樣一來威士忌的燒喉感便會更加減退。雖然他不是第一個嘗試這樣的先驅，卻是帶動這種喝法流行的主要推行者，這種喝法放到現在也完全不過氣，甚至可以稱得上是「很潮」的舉動。

二十五歲那年，邱吉爾突然對文書方面產生極大興趣，遂離開軍隊並轉職成為一名記者，前往南非報導布爾戰爭。當時他已經患有嚴重酒癮，行李箱裡塞著四十瓶葡萄酒、十八瓶威士忌和十二瓶調和橙酒，讀者可能會很好奇，邱吉爾到底是怎麼把這些酒給塞進行李箱的，莫非他的行李箱是無底洞？他的同事也對此感到十分驚訝，嘲諷道：「他的居處酒庫存之多足以開店了。」

邱吉爾的首相之路

等到邱吉爾成為國會議員後，仍無法戒掉酒精，甚至因為壓力變大，而飲用更多酒精了。有一天，英國下議院召開會議，邱吉爾午餐時喝多了酒，醉醺醺地打著飽嗝，搖搖晃晃來到下議院開會，敵對黨派的女議員貝絲．布拉多克（Bessie Braddock）看不慣這個酒鬼，側著眼睛上下打量他，發出很是鄙視的嘆氣聲，邱吉爾找到位子坐下後，布拉多克也更換位置，一屁股坐在他旁邊，翹著腳抬著臉，不客氣地說：「溫斯頓，你喝醉了，醉得令人作嘔。」邱吉爾回道：「我親愛的貝絲，妳很醜，而且不是普通的醜，是真的很醜。我明天就不醉了，但妳仍然會很難看。」

其實，並不只是貝絲．布拉多克不爽邱吉爾的酗酒習慣，普遍議員亦是如此。邱吉爾雖然在三十三歲就入內閣，為國家貢獻了許多政績，不過正因為他的酗酒習慣，讓他政敵總是喜歡打著這個名號打壓他，使其遲遲無法走向首相大位。

二次世界大戰開打之後，提倡綏靖政策的張伯倫被迫辭去首相職務，國王喬治提名邱吉爾接替首相一職，但通過門檻必須達到議會的三分之二以上議員贊同，有些王親權貴反對邱吉爾任首相，打算聯絡一些議員投反對票。他們去找布拉多克，希望她加入反對邱吉爾的陣營，布拉多克直截了當地拒絕了。她說：「我全力支持邱吉爾，在這個危急的時刻，我想不出還有誰比他更適合領導英國，在我見過的人當中，他的勇氣智慧以及他的愛國心，無人能出其右。」

的確，邱吉爾雖然在私生活方面過得一蹋糊塗，種種邋遢行為惹人厭惡，但無庸置疑的是，他的愛國心堅若磐石、執行能力擎天架海、視野登高博見，他像是一名披著破舊斗篷的智者，外表髒破不堪、充斥著酒精與雪茄的臭氣，但任何人都知道，在關鍵的時刻，除了邱吉爾外，無人能擔此大業。

邱吉爾的「黑狗」

一九四一年，正是英國最黑暗的時刻，國內軍事壓力非常之大，法國已經舉手投降，蘇聯也潰不成軍，美國則坐觀虎鬥、不願干預。德國已經將大半個歐洲大陸吞進肚子，並對英國發起大規模空襲，誓將倫敦夷為平地。

正是在這個時候，邱吉爾透過接任英國首相，擔起守衛家園的重責大任。

邱吉爾做的第一件事情，就是發起敦克爾克大撤退行動，從納粹的包圍中拯救出三十三萬名生力部隊，為將來的長期抗爭提供了基礎；爾後又在不列顛空戰中打退了德軍來勢洶洶的空軍部隊，使德軍被迫放棄入侵英國本土；接著又和美國結成良好關係，保障後方物資源源不斷。邱吉爾憑藉一己之力，一次次地抵禦兇猛的進攻，扭轉了國家的逆勢，讓人們知道，在昏天暗地的歐亞大陸，仍有一盞明燈在北方照耀。

當然，可別以為邱吉爾就是一個激進、誓死不投降的老憤青，邱吉爾在戰爭期間非常痛苦，每一次戰役的損失，都讓他離黑暗越來越近，他曾吐露自己曾有多次自殺念頭，特別是在一九四〇至一九四三年期間，他患上了頗為嚴重的憂鬱症，讓情況整個都不樂觀了。

邱吉爾的憂鬱症並非是後天養成的，而是遺傳，他的父親與女兒都是死於憂鬱症，想當然，邱吉爾原本就有憂鬱的可能性了，在經歷一個國家存亡的關鍵時期，更是讓他瀕臨崩潰，他在搭乘火車時，總是避免靠近月台邊緣，在搭乘輪船時，也都避免靠近船舷，以免自己的一時衝動，做出後悔的事情出來。邱吉爾總是惡趣味地將憂鬱症比喻成「黑狗」，為什麼呢？因為憂鬱症就像是陪伴自己的忠犬一樣，到哪裡都跟著你，怎麼甩都甩不掉它。

不過，聰明的邱吉爾很快就找出了自己的活路，他認為避免憂鬱症方法只有一個，那便是用酒精和雪茄模糊自己的視野，讓自己不再看到黑狗就行了。

邱吉爾的摯愛

人在壓力大的時候，總是會想找一些東西寄託情感，也許是用宗教信仰來獲得救贖，抑或是寫詩的方式獲得抒懷，不過邱吉爾的方式就比較不那麼值得效仿了，他的紓壓方法有兩個，一是喝酒、二是抽菸。

花開兩朵各表一枝，我們先講講喝酒。

邱吉爾原本就已經有嚴重的酒癮了，憂鬱症的干擾，更是讓他的酒量越變越大，大到幾乎不會喝醉了，根據史料紀載，邱吉爾從醒來開始就不停地攝入酒精，他的三餐作息大概是早上一杯紅葡萄酒、中餐一杯威士忌、晚餐一杯香檳，飯後還要一杯波特酒解膩，最後睡前再來一杯白蘭地助眠，如此估計，他每天要喝五種以上的酒，這酒量確實驚人。

邱吉爾不僅愛喝酒，也常在工作時提起酒來。有一天，邱吉爾首相在蒙哥馬利將軍的陪同下，一起驅車前往一家高檔飯店共進午餐。邱吉爾問蒙哥馬利要不要喝一杯，蒙哥馬利說：「我不菸不酒，所以有百分之一百的健康。」邱吉爾笑了笑：「我喝酒吸菸，所以有百分之兩百的健康。」

我們再說抽菸，這可以說是除喝酒之外邱吉爾最喜愛的嗜好了。

邱吉爾喜歡味道濃烈的古巴哈瓦那雪茄，這種雪茄有一個特點，就是長得特別大隻，抽一根哈瓦那雪茄的尼古丁等同於普通香菸的數倍有餘，邱吉爾每天最少要抽十支以上，給他身體帶來很大的負擔，但他倒不管，甚至花費公帑發明了一種飛行氧氣面罩，確保他能在缺少氧氣的高空中順利吸菸。

香菸在邱吉爾的生活重佔有非常重要的位置，一九四一年德軍轟炸倫敦時，市中心周遭的煙草店都遭受重創，邱吉爾一時間吸不著菸，感到非常難過，當天他幾乎睡不著覺，然而到凌晨兩點時，一通救贖的電話打來了，是邱吉爾常光顧的一家菸草店：「首相先生，您的雪茄絲毫未損。」邱吉爾一聽，又驚又喜，心滿意足地倒頭大睡。

邱吉爾菸不離手，嗜酒如命，加上個性疾言厲色、行事專橫跋扈，很多人都認為他不會長壽，邱吉爾卻活到非常高的九十一歲。可能有人會很吃驚，其實很多的時候，生命的長短會和生活習慣有關，張學良早年抽菸、吸毒、嫖女人，不過在後半生安分守己，從不逾矩，因此得以長壽善終；邱吉爾也很重視自己的生活習慣，懂得在工作和休息間取捨出最合理的分配，有時候邱吉爾處理事情到一半會忽然不見，侍衛們四處搜索卻找不到，還以為他被德軍間諜擄走了，後來才發現原來邱吉爾在地下室裡面偷閒，帶著老花眼鏡織毛衣。

邱吉爾與史達林的浪漫晚宴

邱吉爾喝酒，不只喝出了憂鬱症的解方，還順帶喝出了外交上的一大勝利。我們都知道，在第二次世界大戰初期，歐洲戰場還沒有美軍參戰，整個同盟國實際上只有英國和蘇聯在做事，他們倆不得不拉近彼此的距離，牽起小手來，共同合作抵禦強敵。

不過，英國和蘇聯卻是完全沒有共通點的國家，一個實行資本主義，一個信仰共產主義；一個工業發達，一個未成氣候，就連他們的國家領導人，邱吉爾與史達林也可以說是除了性別之外完全沒有一絲相向，光是政治作風、婚姻歷程就南轅北轍了，這使得兩方在合作初期，總是對不到彼此的頻率。

一九四二年，經過一番書信往返後，邱吉爾決定親自來到蘇聯與史達林談論政局，在宴席上互探虛實。

與史達林共進晚餐，顯然不是一件輕鬆的事，眾所皆知，斯拉夫民族的酒量是世界公認的大，他們很早就養成酗酒文化，不但千杯不倒，還擅長激起對方的酒興。不過在第一天，史達林並沒有用斯拉夫式的方式來歡迎他們的到來，邱吉爾被安排進會議廳談話，房間擺著一張長長的桌子，只鋪了一張白色桌巾，沒有食物也沒有美酒，看來史達林沒有心情吃香喝辣，純粹只想進行嚴肅的對談。

然而兩人政見相差太大了，話不投機，誰也不讓誰，只好把會議延期至第二天的晚上。

當天晚上，史達林一改嚴肅作風，將會議地點置在晚宴廳上，邱吉爾一進房間，只見裡頭擺滿各類山珍海味，酒類更是不能少，克里米亞的紅酒、西伯利亞的伏特加、亞美尼亞的白蘭地一應俱全。原本兩人還是放不下防備，但等至三杯黃湯下肚，兩位領導人陸續進入微醺狀態，氣氛也就友善起來了。他們話匣子大開，從國內政務聊到家庭瑣事，無話不談，有說有笑，就像是把對方當成知心好友一樣。直到半夜，英國外交官卡多根（Alexander Cadogan）被傳喚到克里姆林宮裡時，現場的氣氛依舊融洽，他描述為「氣氛是愉快的，像結婚鐘聲一樣愉快」。

到了散席時刻，現場的桌上已經擺滿著吃剩的食物、無數的酒瓶以及一隻沒被動過的烤乳豬。邱吉爾和史達林似乎都已經醉了，在桌子前翹著二郎腿，眼神很朦朧，像是聊天一樣，說著一些無關緊要的事情。「史達林要我喝些烈酒，而邱吉爾正在抱怨說有點頭痛，隨後聰明地改喝相對較為無傷大雅的高加索紅酒」。

據說那天晚上邱吉爾被史達林瘋狂勸酒，曾跌倒在餐桌下，暈得起不了身，史達林雖然面紅耳赤，腦袋仍然很清晰，總而言之，這次會談非常成功，直到凌晨三點左右，兩人才心甘情願，搖搖晃晃地回去睡覺。

其實，史達林之所以有這麼好的酒量，不僅是因為他的體質，也因為他的小心機，他會拿兩種不同酒精濃度，但是同樣顏色的酒來魚目混珠，酒精濃度少的給自己，酒精濃度多的給來賓，這樣一來賓客就會先醉，自己便可以誇自己酒量好了。就納粹外交官里賓特洛甫在對蘇訪談的回憶：「桌子上擺著一瓶度數很高的棕色的伏特加，但這樣的烈酒似乎對史達林沒產生任何作用。我連聲稱讚俄羅斯人好酒量，德國人沒法比。史達林聽後大笑起來，他狡黠地看我一眼，向我透露一個『秘密』：他在宴會上從來都只喝克里米亞葡萄酒（濃度約 14%），而不是桌上的那種伏特加（濃度約 50% 以上）。兩種酒顏色一模一樣。」

戰後的政治生活

在邱吉爾的領導下，同盟國反敗為勝，陸續攻破德國堅不可摧的防線，最終取得了偉大的勝利，法西斯主義從此一蹶不振，消失在歷史的舞台中。

不過在同年七月的大選中，邱吉爾卻迎來人生最大的挫敗，他出乎意料地落選首相大位，其黨派在議會中失去了多數席次，為什麼會這樣呢？只因為那年邱吉爾和史達林交惡，開始批評蘇聯的獨裁行徑，而英國人民怕事，一想到剛平定個納粹，接著又要打蘇聯，心裡感到十分疲倦，所以就把邱吉爾給拉下台了。據傳史達林曾發來一份電報，十分得意地說：「你打了勝仗，人民卻罷免你，這就是資本主義的惡端。看看我，沒有人敢罷免我。」邱吉爾則從容地回應：「我打仗就是保衛人民有罷免我的權利。」

這種情況一共持續了六年，直到一九五一年，保守黨才順利擊敗工黨，重新執政，此時邱吉爾雖然政治經驗豐富，奈何年紀老邁，已經大不如前了。能讓老態的邱吉爾暫時恢復精神的，唯有酒精，他將酒精當作毒品在使用，每一次的飲用，都能在短時間內變得有活力起來，但也使他在清醒時刻變得更為憂鬱，更為孱弱。二度任職首相期間，邱吉爾曾飛赴美國進行外交，接待他的美國副總統尼克森曾寫道：「他眼神無力，躺在椅子上面，看上去簡直是一具死屍。他的問候聲有氣無力，很難聽清楚他在說什麼。邱吉爾伸出手來，向他的助手要了一杯白蘭地，接著一口把它飲盡，沒過多久，他就奇蹟般地恢復了活力。眼睛煥發出光芒，講話變得流利，對我們談論的事情也變得關心起來了。」

邱吉爾不認為酒精是吞噬他靈魂的主要原因，而是帶領他繼續前進的力量。吸毒般的飲酒法，使他的健康狀況急轉直下，有一次心臟不舒服，被秘書給抬到醫院以後，他才稍微收斂點，醫生嚴厲制止他繼續喝酒，邱吉爾卻說：「我可以不抽菸，但不能不喝酒，沒有它，我將失去一切」，醫生見他這麼堅持，也不好說甚麼，於是給了個折衷處方：「一餐不能喝超過兩百五十毫升（三分之一瓶酒）」。當然，邱吉爾雖然表面同意，但私底下又是一回事了。

邱吉爾的餘生

一九五四年，過完八十歲生日的邱吉爾已是風中殘燭，無法處理政務了。他不戀惜首相一職，果斷辭去首相，當他走出首相府官邸時，一群記者和粉絲們一擁而上，將他團團圍住，他一句話也沒有說，只是從容地吸著雪茄，將右手從西裝口袋抽出，打出著名的「V」手勢向群眾致意，然後就坐上汽車，在人們的歡呼聲中離去。

退休後，邱吉爾過得頗為輕鬆快意，沒有案牘之勞形、議員之亂耳，他開始學會怎麼享受生活的美好，像是織毛衣、下西洋棋、公園散步，看起來就跟一般老人的作息一樣，不過他仍愛喝酒，雖然飲酒量確實減量了，三餐仍會點上一杯。

身為英國首相，邱吉爾的財產自然多如牛毛，但是他很避免浪費，日常喝酒堅持不喝名酒佳釀，而是相當普通的威士忌加氣泡水。說來好笑，邱吉爾年輕時最不喜歡喝威士忌，就他自己所說：「我非常不喜歡威士忌的味道，威士忌在英國年輕人中並不廣泛流行」，但他那時肯定沒想到，自己晚年會將威士忌視為最好喝的酒種。一次受記者訪問，當談論到飲酒問題時，邱吉爾驕傲地說：「我的朋友，我得說：我徹頭徹尾地、明目張膽地熱愛威士忌——這就是我的威士忌立場，一如既往，絕不妥協。」

晚年的邱吉爾因為不收斂自己大菸大酒的毛病，曾數次中風，一九六五年一月十五日，邱吉爾再次中風，最終於一九六五年一月二十四日逝世，享年九十歲。

邱吉爾因酒精而活，也因酒精而死，更因酒精而成名。很多歷史學家認為，酒精影響邱吉爾的思考方式，使他罹患了憂鬱症，但也有一派學者認為，精神疾病是邱吉爾與生俱來的詛咒，邱吉爾只能倚靠大菸大酒的不健康療程化解他的病情。不過就他本人自己表示，憂鬱症和酒精，也不過是一樁買賣罷了，「我從酒精所得到的，遠比酒精拿走的還要多。」酒精帶給邱吉爾怎樣的問題，他不是不知道，但他知道這是一筆值得的交換，他也願意為此付出代價。夫人克萊門汀很擔心丈夫的健康狀況，經常勸邱吉爾戒酒，但他總是靈活地轉變話題，或是草率推託掉，但他曾有一次握住克萊門汀的手，認真地說：

「親愛的克萊門汀，妳必須知道，酒精沒有摧毀我，是我征服了酒精！」

老師不好意思教的世界奇葩史

13

佛朗哥

足球玩的好，國家一定強

——西班牙獨裁者佛朗哥與足球的邂逅

一九六四年六月二十一日，在西班牙，十多萬狂喜的人群匯集成紅黃相間的人海，為正準備離開馬德里，當時西班牙最高的統治者——法蘭西斯科．佛朗哥歡呼。這位統治者並不是要離開一場政治集會或閱兵式什麼的，而是離開一場歐洲國家盃的足球比賽，在剛才的比賽中，西班牙國家代表隊以二比一的戰績，完勝當時的世界第二軍事強國蘇聯隊伍，從而獲得整季賽事當中的最後勝利，在當時的冷戰背景下，這場足球比賽檯面下是更多在政治上的角力。這場比賽被認為是西方世界再次團結，打敗共產主義的象徵，也許，這也標誌著西班牙又一次戰勝了內戰中的老敵人。

次日，西方各國的媒體都爭相報導西班牙戰勝蘇聯的消息，二十五年間，西班牙人民從沒有展現出比戰勝共產主義所帶來的熱情。西班牙是一個逐漸走向秩序、成熟以及統一的國家，它堅實地走在一條經濟、社會和體制改革的路上，這是一場國家的冒險。

這次勝利所帶來的喜悅是持久的，此後數日，西班牙各地的群眾無一不在歡呼著決賽的勝利，作為西班牙的統治者，佛朗哥既是這一切亮眼戰績的主導者，也是其中最大的獲益者，因為，這證明了，只單靠足球這一運動項目，所衍伸出的「足球政治」的確能為一個國家帶來很大的好處。

相信沒有略讀過這段歷史的讀者們，看到這邊肯定都很霧煞煞吧，到底在講什麼阿？一下足球一下共產主義，還有那個佛朗哥又是誰啊？要釐清這一切，不妨就先來解鎖一下西班牙之前的內戰小劇情吧！

佛朗哥的起義

一九三一年，西班牙第二共和國成立，這個新政府是人民推翻了君主制後，所建立的共和政府，然而，這個新政府很不給力，國內受到一九二九年經濟大蕭條的影響，百業凋敝，民不聊生，政府仍然堅持仿效蘇聯搞起了社會主義，最終造成了整個國家共產黨滿街跑，政府短短五年就改組了二十八次以上，可是不管你改成怎麼樣，國內的經濟依然沒有起色。與此同時，有另一派人，稱之為國民軍，他們跟納粹黨一樣，實施的是法西斯主義，國民軍的目標是想要推翻這個爛政府，而且手法都很激進，常常在大街小巷跟共黨份子玩起了大亂鬥，最終，兩個派系的矛盾不斷地累積，終於在一九三六年，內戰爆發了。前面提到的西班牙統治者佛朗哥，就是國民軍的其中一位領頭羊，在他和其他領導人的帶領下，國民軍得到了德國和義大利的支持，德國的飛機坦克、義大利的高射炮等武器一波接著一波送抵佛朗哥的陣營中，最終，國民軍耗時三年，終於成功推翻了共和國，佛朗哥也就是在這種背景下，風光登上了統治者的寶座。

在佛朗哥統治西班牙的四十四年間，由於他偏激的反共心理，西班牙也爆發了「白色恐怖」，一樣反共、秘密警察，一樣有推行過「國語文運動」，西班牙也差點被轟出聯合國，這種恐怖作風引起許多人反感，西班牙的知名大畫家畢卡索都表示：「西班牙一天不民主，我就一天不回家。」可是，換個角度來看，西班牙整體而言經濟還算是穩定，這種獨裁統治讓西班牙成為了美國反共的好朋友，得到了一大筆的美援，經濟快速起飛，西班牙成為了當時僅次於日本，經濟進步第二快的國家。

不過，和其他的獨裁者不同的是，一般的獨裁者為了維持自身的統治，通常都是先找一個共同的敵人，如同金日成對美國的仇視一般，來轉移民眾的注意力，進而讓他們忘掉自己生活在獨裁統治的慘痛現實，再不然就是上任後，開始實施各種殘酷的鎮壓，各種大鳴大放，這樣也可以達到讓反對者噤聲的效果。可是佛朗哥不一樣，他維持自己統治的方式很特別，是用「足球」。呼應前文所說，這就是所謂的足球政治，其實，佛朗哥也不是第一個靠足球管理國家的領導者，其他例如巴西的梅迪西和阿根廷的魏德拉，他們也從足球政治裡成功地大撈特撈了一筆聲望和利益，從而使得他們的統治可以延續下去，這種手法最主要的手段就是靠著參與國際比賽奪得桂冠，或者是透過國內平常就有的各種賽事來團結民眾，對西班牙人來說足球就是他們的信仰，一天不踢球便覺面目可憎，佛朗哥本身也很熱愛這項運動，照他的說法就是：「只要有了比賽，人民就沒有可以造反的理由。」

足球政治學

再來就開始來講講佛朗哥足球政治的玩法吧！首先是對內，講到內部，那就不得不提到西班牙本身是一個族群豐富的國家，例如有前幾年因為獨立問題而鬧上國際頭條的「加泰隆尼亞」，還有語言系統異常複雜的「巴斯克」，西班牙當局都直接了當地表示：「不管你是加泰隆尼亞還是巴斯克，你們自古以來就是西班牙神聖領土不可分割的一部分，想獨立？休想！我連「一西各表」都不屑使用！」此番話一出，這下子那群人可就通通暴怒……。

作為一個大西班牙主義者，佛朗哥十分厭惡這群獨派整天在那邊叫囂，甚至開始不惜一切手段打壓他們的文化，以足球為例，所有球會都不可以有非西班牙文的名字，而且強制要求所有球會會徽都不可以有加泰隆尼亞的旗幟，球迷也理所當然被禁止攜帶加泰隆尼亞的旗幟入場。

除此之外，佛朗哥還極力扶植一支自己的正規球隊，因為在當時，像是加泰和巴斯克等等有獨立運動在的地方，不知怎地足球總是特別強，例如現在還有在參與賽事的老字號巴塞隆納和畢爾巴鄂。但相比之下，這隊由政府直接培訓，而且還以首都起名的「皇家馬德里」（以下簡稱皇馬）起初簡直就是個草包，十幾年沒拿過任何一個獎，反觀對手巴塞隆納（以下簡稱巴塞）已經奪了五座以上的冠軍，真是丟盡了佛朗哥的臉。

一九四三年，西班牙舉辦國王盃準決賽，結果比賽首場，皇馬就以零比三的悲慘成績輸給了巴塞，就在這時，佛朗哥再也看不下去了，他開始思考要如何才能把這支代表政府威信的球隊升級。由於找不到適合的球員來提升皇馬的實力，佛朗哥就直接先從對手巴塞那兒下狠招，威逼利誘巴塞的球員「你們最好給我比賽比輸喔！不然就別再想上場踢球了。」在足球生涯受到威脅之下，巴塞球員就範，在次回合，皇馬以十一比一的懸殊成績大勝巴塞，但此舉也為兩個球隊結下樑子，一直到今日，比如在西班牙的足球賽放國歌的時候，不少巴塞球員是拒絕開口的，而每次出現這種事情都不免會直接被登到新聞上。

等到後期，比賽辦得多了，自然也就有幾個強將湧現出來，例如曾經為哥倫比亞效力，綽號「金箭頭」的迪斯蒂法諾，就是在佛朗哥的撮合下，加入了皇馬。此後，佛朗哥又陸續為皇馬帶來了更多的明星級球星，政府的聲望正在不斷地提高，且有了佛朗哥的黑箱支持和迪斯蒂法諾的加持後，原本一蹋糊塗的皇馬總算迎來了轉機，他們的知名度也開始往上漲，成為了一顆耀眼的新星。

除此之外，讓皇馬最終成為西班牙第一大球隊的背後，還有一個宣傳工具可不能少，那就是那時才剛發明的最新科技產品——電視，俗話說的好：沒常識也要看電視，到現在，電視依然是我們生活當中，接收外來資訊的一項重要媒介，當時佛朗哥也意識到了這點，遂開始利用電視大力地宣傳皇馬的偉大戰績，一旦佛朗哥敏銳地感覺到社會有動亂的風險，就會利用足球轉播來去吸引人們的眼珠。

佛朗哥利用球賽，成功轉移了人民的注意力，內戰留下來的創傷、獨立不獨立的問題，都成為過去式了，少了有人在那扯後腿，西班牙得以專心發展經濟民生，人民的經濟水準大幅提高，比起第二共和國真的好很多了。

足球外交與反共政治

講了那麼多足球政治對穩定國家內部的功用，再來就講講他對西班牙外交的實際效益吧！

二戰結束後，德國和義大利兩個最強大的法西斯國家因戰敗灰飛煙滅，接下來，盟軍就開始要對這些「罪魁禍首」開始進行清算了，而西班牙就是繼德意兩國後，盟軍首要的清算目標。即使西班牙在戰爭中始終保持中立，但對德國和義大利依然眉來眼去的，包括一九三六年的西班牙內戰，希特勒和墨索里尼就派了一大堆的士兵來助陣他們的法西斯兄弟，從而讓佛朗哥得以上台掌權，俗話說：受人點滴，報以湧泉，在之後的二戰中，佛朗哥也送了支素質優質、媲美德國正規軍的「藍色師團」到德國的東方戰線去進攻蘇聯，還美其名「自願軍」，就是因為這種態度，使得盟軍都非常不開心，尤其是蘇聯，恨西班牙恨得牙癢癢的，因此，在後來聯合國成立後，西班牙就遭到了國際的孤立，很多國家不想與之建交，各種法西斯走狗、納粹遺毒的標籤啪地一聲全貼在了佛朗哥臉上，最後甚至還差點被轟出聯合國。

面對這種人人喊打的可悲處境，佛朗哥又再一次的利用足球化解了危機，他繼續的利用皇馬刷出知名度，皇馬在賽事上的不斷勝利，成功地給佛朗哥塑造了一個優秀及富有魅力的形象。除此之外，佛朗哥還繼續大搞宣傳，而且這些宣傳多多少少都帶有一點反共的意味，這下子馬上就引來了美國爸爸的關注，當時的美國瀰漫著一股畏共氣氛，成天都在擔心歐洲會有赤化的風險，甚至還有民眾自發性建築家庭防空洞，防止蘇軍突然發動核戰。因此，美國認為凡是反共的，不管品行怎樣、政策如何、有什麼黑歷史，都得要給予獎勵。西班牙的經濟再一次獲得了快速騰飛的機會。

當然，佛朗哥為了讓國家更好，也為了繼續維持自己的統治，做出的努力可不只如此，更重要的是，他還積極地從蘇聯的勢力範圍，也就是現在的東歐那邊，延攬更多的人才。最知名的莫過於當時佛朗哥從匈牙利撈到的一個神射手——普斯卡斯，普斯卡斯原本在匈牙利的球隊效力，擁有三十二場不敗紀錄的他做為一顆亮星，在球場上發光發熱，然而隨著一九五六年爆發的匈牙利革命，蘇聯開來軍隊鎮壓革命的群眾，殺死了三千多的平民百姓，而當時的匈牙利政府因為是共產黨執政，和蘇聯狼狽為奸，對同胞的死視而不見，這次事件讓那時還在踢歐洲盃的普斯卡斯感到很憤慨，為抗議蘇聯對匈牙利的干涉，全體球員拒絕回國參加主場比賽，佛朗哥就是抓住了這個良機，利用自己本身也反共的立場，成功地招募到了普斯卡斯，如此一來，再加上之前的迪斯蒂法諾，皇馬儼然成為了明星隊的代名詞，在這些大佬的訓練下，皇馬的後起之秀一個個脫穎而出，實力無人能擋，因此才出現文章開頭的那次「打敗蘇聯」的勝利，至今，西班牙的足球仍然強大，不可否認有一部份就是佛朗哥時期所打下的基礎。

佛朗哥的政治評價

不論佛朗哥的政權是否成功，直至他在一九七五年逝世，西班牙是他的王國。

靠足球，佛朗哥穩定國內政局，並打造了良好的國際形象，雖然有不少人說他只是用足球當作維護自己獨裁統治的擋箭牌，犯下的暴行並不會隨著他搞足球搞得多好而煙消雲散，但是作為一個能待在領導人之位四十四年的強人，他是真的不知道民主政治已經是世界潮流了嗎？甚至從一些相關文獻，我們能知道佛朗哥雖然讓西班牙的王室有一段時間中空，但他早在一九四〇年代就把下一任王儲給接回國內，教他許多做人處事的原則，並告誡他，繼位以後，不要學我這樣做事。

佛朗哥死後，繼位的是自己親手拉拔長大的小王子，小王子繼位後，鮮少公開評論這位前任統治者，但就算如此，作為一個法西斯，佛朗哥也不免要成為當今西班牙「轉型正義」的一個主要目標。

佛朗哥主政的四十四年間，雖說惡貫滿盈、人人喊打，可是西班牙各方面有在往正面的方向運轉，尤其是經濟奇蹟的部份（佛朗哥死後，西班牙的經濟發展漸緩，最終又因為二〇〇七年的金融風暴，掉到了「歐債五國」的行列中，至今仍未脫身。）西班牙的足球至今仍然強大，不可否認有一部份就是佛朗哥時期所打下的基礎。不論佛朗哥近乎獨裁的政權正當性是否存在，直至他在一九七五年逝世前，西班牙確實是由他一手撐起的。靠足球，佛朗哥穩定國內政局，並打造

老師不好意思教的

14

狄托

喜歡**共產**，就一定要喜歡蘇聯嗎？

——狄托與**蘇聯**的愛恨情仇

世界奇葩史

說起南斯拉夫，相信一般人可能對這個國家印象不多，甚至可能從未聽說過他的名字。不過，存在感低，不代表國家不強。南斯拉夫的民風頑強，擁有鋼鐵般的意志，打從中世紀開始，這裡的國王就曾帶領著人民數次打退了匈牙利和保加利亞的入侵，硬是在這個有「歐洲火藥庫」之稱的危險地帶打出了一片自己的天下，到了近代，他們的頑強精神依然影響著東歐的每一步進展。

有怎樣的領導人就會有怎樣的國家，南斯拉夫能這麼嗆，肯定跟領導人的特質有點相似之處，此篇章節要說的主角是南斯拉夫的領導者，人稱「鋼鐵元帥」的約瑟普．布羅茲．狄托將軍。讀者可能會想：「這位沒怎麼聽過的老哥有什麼事蹟好說的？」您聽了可別嚇到，就這麼一個無名之輩，他曾在二戰後跟蘇聯的老大各掌一半共產世界，與權力滔天的史達林對罵叫板，甚至抓了史達林派來的五百多名刺客，放狠話說：「不要再派人來殺我了，我已經抓了五百個人，這些人有的帶著炸彈，有的帶著槍……如果你還是要派人來殺我，那我只需要派一個人去莫斯科，就可以幹掉你！」

很難相信吧，這哪像是兩個國家元首的對話，根本像是挑釁意味濃厚的開戰宣言啊，而且敵方還是自己名義上的老大，沃野兩千萬里的共產始祖蘇聯！讀者可能認為：「南斯拉夫這個國家太囂張，不被亡國滅種才怪」，然而現實是，這個南斯拉夫在二戰後在美蘇之間左右逢源，混得風生水起，還成為了另一支強大的第三勢力哩。

憤青狄托的前期時光

一八九二年，狄托出生在克羅埃西亞一個環堵蕭然、不蔽風日的小農村裡，家裡兄弟姐妹成群，因此能用的資源十分匱乏，從小狄托就過著吃了上頓沒下頓，不時就得喝西北風的可憐生活。十二歲時，狄托卻不得不為清寒家庭著想放棄讀書、放棄童年，去城市學習如何自力更生，向一位老態的鎖匠拜師學藝，成為了底下的一名學徒。憑著吃苦耐勞的個性，狄托沒多久就學有所成，成了一名優秀的鎖匠，並在十八歲時，加入了首都的五金工人工會，他在加入後曾興奮地表示這是自己生平中最光榮的一刻，殊不知在不久後的未來，有更光榮的大位在等著他。

當時，狄托的故鄉正處於奧匈帝國的統治之下，一九一三年，狄托加入奧匈帝國的軍隊服役，他運氣不好，加入軍隊的一年後一戰就爆發了，剛開始狄托被派到東線的戰場去對抗俄羅斯軍隊，當時奧匈帝國的軍隊每打一場就輸一場，軍隊素質堪比義大利，最後本土都被俄羅斯攻入了，追究奧匈軍隊為什麼會這麼差的原因，是這個國家的軍隊，族群實在太多了，既有日耳曼人、匈牙利人，還有斯拉夫人，各自的底下還有一大團語言不同的分支，例如狄托的族群克羅埃西亞人即屬斯拉夫人的一支。不同的民族彼此之間就已經存在了許多紛爭，彼此的語言還互不相通，每次傳達一個命令都必須要不斷地翻譯，搞到最後原本的命令都走樣了，在下達衝鋒命令時，奧匈帝國的指揮官甚至要集結十三種說不同語言的士兵，分別大喊「衝鋒前進」，等到十三種語言說完，敵方就已經準備好抵禦措施了。總而言之，想要他們團結為一個國家效力，那簡直比登天還難。

狄托也發覺到了這點，做為一位愛國者，他也不希望看到同胞們無法團結，於是「到底要怎樣才能把這群明明都住在一起但又不同的民族都團結在一起」成為了這時期狄托最常思考的一個問題。後來在一九一五年春天，一次意外改變了狄托的人生，在喀爾巴阡山戰役中，狄托身負重傷，被俄軍給抓去關了，在戰俘營裡，狄托每天都被迫要去勞動，很少有休息的時間，在歷經磨難之際，包括狄托等戰俘都頗有怨言，每當休息到來時，有些戰俘便會三五成群聚在一塊兒，抱怨俄羅斯的不人道對待，高唱戰俘保障思想，其中不乏有知識份子引用了馬克思列寧主義等思想來確立自己的言論，狄托聽得耳濡目染，漸漸也對這些思想產生了濃厚興趣，他終於找到解決民族無法團結的缺陷了。後來狄托為了一探究竟，竟然冒著生命危險搞起逃獄行動，遠赴俄羅斯加入了俄國的布爾什維克黨。一九一七年十一月七日，才剛入黨的狄托，馬上就見證到了十月革命的勝利，臨時政府被推翻，世界上第一個共產國家蘇俄建立了！不知不覺中，他已然成為了共產主義的忠實信徒。

一戰結束後，奧匈帝國解體，其中的克羅埃西亞與塞爾維亞、斯洛維尼亞三國共同組成了一個新國家，名曰南斯拉夫王國，狄托也在此時回到了家鄉，開始向群眾們宣傳共產主義的美好，當時的南斯拉夫雖然名義上是個統一的國家，但是民族問題一樣存在，政局並不平穩，所以也就是這種不太平的政局，讓狄托種族平等、世界太平的思想很快就聚集到了一批群眾，並共同組成了南斯拉夫共產黨。

狄托當上南共領導時已經是三〇年代左右了，他要面對的，不只是國內紛亂的政局，還有國外的大敵環伺，此時法西斯德國已經崛起，擁有超強戰力的德國已經吃掉了不少歐洲領土，眼見下一槍就要對準巴爾幹半島了。有一部分克羅埃西亞獨立人士為了實踐他們的獨立夢想，竟然和德國狼狽為奸，在德軍強大的軍事支持下成立了克羅埃西亞傀儡政府。

獨立人士希望藉德國之手，讓克羅埃西亞脫離南斯拉夫，順便再剷除一些自己看不順眼的塞爾維亞人和猶太人。同為克羅埃西亞人，狄托可沒有這群人那麼沒骨氣，鐵骨錚錚的他不願意助紂為虐、賣國求榮，索性帶著共產黨的小夥伴們上山去跟德軍打游擊了。游擊隊雖然對這地區的地形熟門熟路，但還是打得很艱辛，當時游擊隊總共只有幾萬人而已，而且武器全都是民眾自己造的，槍枝動不動就卡彈，手榴彈可能還沒拉插銷就先炸了，更糟的是，不是每個人都能分到武器和足夠的彈藥，有些人甚至只能裝備砍刀。相比之下，德軍光是巴爾幹地區就已經擁有八十萬荷槍實彈的軍隊在這兒守著，且全部都是機械化部隊，還附帶幾支有坦克的裝甲師和四百多架飛機，再搭配上周圍羅馬尼亞義大利的軍隊，完全把游擊隊給包住了。

狄托即使面對如此強大的攻勢，仍然無所畏懼，總是帶頭跑在前面衝鋒，因此也受了不少傷，成為了二戰時期唯一負傷的總司令。南斯拉夫民眾原本戰意不濃，但看著狄托如此強大的愛國意識和頑強的生命，不免心生感動，於是群起效尤，共同對抗法西斯入侵。到二戰末期，游擊隊已經破了四十萬人，一路上還收了不少蘇軍的空投物資和繳獲的義大利軍備。在這為時五年的戰爭中，狄托歷經最驚險的一次當屬於一九四四年的那場生日派對，德軍在狄托生日時派了五百名的傘兵從狄托司令部的上空直接空降，然而，正當德軍攻入了司令部時，才發現司令部早已人去樓空，只剩下一襲狄托的元帥制服，原來，狄托打從接獲德軍登陸的那一刻，就已經逃離了，德軍看著煮熟的鴨子又飛了，滿是無奈，只好帶著制服充當戰利品回去聊以慰藉。

經過了多年的奮鬥，納粹德國終於迎來了末日，在南斯拉夫人民同仇敵愾的反擊之下，德國手中的南斯拉夫佔領區終於獲得解放。作為復興南斯拉夫的首要英雄，狄托在戰爭結束後也理所當然的在民眾的推舉下，當上了南斯拉夫聯邦的最高領導人，當時狄托的名氣很旺，人人都想歸附他的政權，南斯拉夫聯邦才剛成立，就有六個共和國願意加盟，塞爾維亞、克羅埃西亞、斯洛維尼亞、馬其頓、蒙特內哥羅、波士尼亞與赫塞哥維納共同組成南斯拉夫。在狄托的領導下，東歐回歸久違的和平與統一。

我討厭蘇聯，也討厭美國

但也是從擔任領導開始，狄托開始成為了一個有爭議性的人物。爭議的點在於狄托在成為南斯拉夫的老大後，開始以王國親納粹之名，搜刮之前南斯拉夫王國留下來的各種珍寶和財產，占為己有。他酷愛收集各種名車、珠寶及藝術品，然而，瑕不掩瑜，在南斯拉夫人民眼裡，狄托仍然是他們的民族英雄。狄托能被視為英雄的原因不外乎兩個，第一個就是前面講到的，他帶領著人民打敗了德國侵略者，第二個就是狄托在處理南斯拉夫的民族問題時很有一套。

當時南斯拉夫最大的族群是塞爾維亞人，塞爾維亞人仗著自己人多，氣焰囂張，整天威脅要脫離南斯拉夫獨立出來，有些無聊人士甚至還會特地戳痛民族裂縫，將奧匈帝國的斐迪南大公刺殺事件拿來嘲弄。狄托因此開始利用各種力量，強力壓制塞爾維亞囂張的氣焰，另一方面也幫助境內的其他民族團結起來，恢復他們的自信。彼時南斯拉夫的民族仇視氣氛逐漸平定，如果再出現強調自身民族優越性的沙文主義者，肯定馬上就被其他民族的群眾罵得狗血淋頭。

除了對內的成功事蹟，狄托對外的外交政策也是很值得稱道的，二戰結束後，世界進入兩極化的冷戰格局，所有的國家迫於時勢，都不得不選擇加入美國或者蘇聯陣營，狄托作為一名共產主義者，在他治下的南斯拉夫又離蘇聯那麼近，周圍全都是蘇聯的小弟，那想當然，肯定是趕緊認蘇聯做老大啊，可是就在這時，狄托做了個驚天地泣鬼神的決定：「想要我去抱蘇聯的大腿，向它稱臣？做夢！」

狄托會做出這個決定，其實有很大一部分跟蘇聯自己的不討喜有關係，蘇聯身為共產陣營的頭子，卻很沒有領導該有的作風，在戰後拼命想爭奪戰爭功蹟，用「東線戰場之所以能迎來解放，全都是因為蘇聯的功勞」這句話，抹殺了南斯拉夫人民奮鬥了那麼多年的努力，這下子可踩到了南斯拉夫全體國民的地雷，從這裡開始，南斯拉夫就開始和蘇聯鬧翻了，狄托對於蘇聯的看法，也從當時親眼目睹了這個國家誕生的喜悅，逐漸轉變成了憤恨。狄托是一位理想實踐者，為了社會主義，他可以不惜一切的政治代價，而這種主張顯然與汙穢的蘇聯政治相左，蘇聯領導大多會曲解社會主義，來換取能夠避免的政治代價。其實早在史達林實施大清洗運動，殘殺無數無辜人民、將領時，狄托就已經發現到共產主義的變質，對蘇聯的未來開始感到憂心了；二戰結束後，蘇聯總是提倡「無產」、「平等」，但卻老是想做不對等的共產老大，甚至從經濟去操控南斯拉夫，更讓狄托感到厭惡。

一九四八年，隨著兩國關係不斷地惡化，憤怒的史達林下令把南共逐出共產黨和工人黨情報局，南斯拉夫從此脫離了東歐的共產體系，但是狄托並沒有倒戈加入資本主義，對他來說，美國和他的盟友都是帝國主義和殖民主義的「走狗」，於是乾脆轉頭就找來一群在政治上保持中立的國家，組成不結盟運動，成為了除美蘇兩極之外的第三陣營，狄托此舉使南斯拉夫在世界上的政治地位大大提高，南斯拉夫也成為了第三世界的公認領袖，然而狄托很討厭被叫做「領袖」，因為這代表著階級區分。

雖然實施的同樣是社會主義，但跟蘇聯的那種恐怖作風可不一樣，南斯拉夫人民有自己的玩法，相對蘇聯是比較開放的，人民也很自由，不會像其他共產國家一樣一言不和就把你抓走。比方說在上個世紀，當臺灣電視還沒有很普及的時候，南斯拉夫的人民就已經普及了自己的家電，而當他們的國民有近四成的人都已經有自己的車子的時候，其他共產國家民眾普遍連電視是什麼都還不知道。南斯拉夫的人民在思想上相對自由，行動亦然，他們很喜歡到國外去旅遊，尤其是到西歐去，八〇年代就有兩百萬人去了義大利和奧地利這樣的發達國家，西歐人也很喜歡到南斯拉夫觀光，兩個不同世界的人互相交流，帶動了南斯拉夫的經濟高飛，也讓南斯拉夫開始接受西歐的文化，整條街上到處都是咖啡館、酒吧、歌劇院，藝術活動得到了長足發展，不像蘇聯還必須蓋圍牆整天提心吊膽地怕自己陣營的人民翻出去。

狄托之死

雖然狄托帶領人民走向那麼光明的未來，可是仍然逃不掉死亡的命運，一九八〇年，在斯洛維尼亞，群山環抱的霧都盧比安納城，歷經滄桑的狄托因病逝世，享年八八歲，而再過三天就是他的八十九歲生日了。

舉辦葬禮時，排場可謂是風光無限，說有多大氣就有多大氣，來自一百二十八個國家的兩百零九個代表團、三十一位總統、四位國王、六位親王、二十二位首相、十一位議長、一百多個共產黨、工人黨的代表團來了。他們席地而坐，就連關係惡化的中蘇也不計前嫌，蘇聯的布里茲涅夫、中國的華國鋒，共同前往悼念狄托，甚至連美國副總統孟岱爾和北韓領導人金日成這兩個死對頭也難得的一起出席，而且除了各國領導人的豪華陣容，喪禮期間，南斯拉夫人更是大批的湧入會場紀念這位英雄，據統計，總共來了一千多萬人，人數相當於南斯拉夫總人口的一半，可真的是「萬眾傾心、四方仰德」了，也由此可見狄托在世界上的地位是多麼地偉大，無論曾經是對手還是朋友，世界各國都無法否認狄托獨一無二的歷史地位。

狄托一直在抗爭，卻反抗不了巴爾幹半島各民族注定爭鬥的命運，當狄托在世時，他就像一罐膠水一樣，把整個四分五裂的南斯拉夫給黏了起來，死後，那些之前被狄托大力壓制的民族主義者馬上死灰復燃，南斯拉夫又陷入了一片戰火之中，人們忘卻了那些年團結奮鬥的美好，一九九一年，南斯拉夫的土地上映了一部「史詩級災難片」，內戰爆發了。內戰當中六個加盟國互相捉對廝殺，就連種族屠殺的戲碼都出現了，這場持續了四年的戰爭死了十萬多人，上百萬人背井離鄉，戰後，六個加盟國紛紛獨立，狄托多年的努力和建設，在內戰中通通化為烏有，而曾經強盛一時的南斯拉夫聯邦，也在鬥爭之下草率解散，狄托慷慨奮鬥得來的成果，也隨著巴爾幹半島的槍響煙消雲散。

老師不好意思教的世界奇葩史

15

如何迅速把一個國家**弄倒**？

曼德拉

——南非領袖曼德拉的**執政陰暗面**

提起曼德拉的大名，可謂是人人皆曉，處處聞名，我們幾乎在小時候就聽過他的名字，他是南非的國父，為了爭取黑人的平等，在監獄裡被關押了二十多年，最後帶領黑人離開種族隔離制度，他是一位自由主義者，也是一位為了理想能不顧一切地拋頭顱灑熱血的大英雄。

不過，我們所熟讀的歷史故事也許只講了一半，還沒有提到故事的結尾呢！我們不知道的是，曼德拉雖然勇氣可嘉，卻不是一位合格的領導人。在擔任總統以前，他從來沒有執政的相關經歷，就連里長都沒當過，加上在監獄裡被關押那麼多年，觀念已經和社會嚴重脫節了，想當然當他執政以後，南非政府可說是一團混亂，不僅國內經濟衰退，更是史無前例地創造出「每二十六秒發生一起強姦案」的超高犯罪率。只不過在歐美左派媒體的支持吹捧下，這些事情好像都被掩蓋下來了，曼德拉還是當時的曼德拉，獲得掌聲的人還是繼續受到膜拜。

隨著近幾年來南非政治徹底腐敗，有許多人開始質疑起曼德拉的執政手段，有人抓出他曾經大唱種族主義歌曲《殺死布爾人》，又有人抓出他曾經崇拜毛澤東的言論，總而言之，曼德拉的名聲好像越來越臭了。

南非的地理優勢

在曼德拉開始執政之前，南非可以說是和歐美各國平起平坐的大國，八〇年代初期南非的國內生產總值，比臺灣足足多了一倍有餘，很難想像在台灣開始高速經濟起飛時，卻仍被一個非洲國家狠狠地甩出八條街吧，但南非在那時候確實是這樣，他的地理環境非常之優越，我們能想到的優點，他們全部都有：

(1) 氣候環境：我們現在一提到非洲，想到的就是日夜溫差超大，塵土滾滾的沙漠，但南非由於季風洋流等影響，使其陽光燦爛、風光明媚，郊區還可以生產葡萄酒，就好像來到義大利南部一樣。

(2) 礦產：南非的礦產堪稱史上最多，這給他們帶來極大的優勢，其他海島型國家，比如日本或者臺灣，先天缺乏資源，還得靠經銷頭腦才能賺錢，但南非完全不用，他們只要動一動手進行開採，昂貴的金屬礦物便歸他們所有了。

(3) 港口：非洲的良港很少，大部分都是吃水太淺，沒辦法讓大船停靠，但南非不但有現代化的深水港，而且還地處於交通要道，海運船隻基本上都會在那裏停留個幾天。

曼德拉接手的南非是一個相當不錯的國家，怎麼看也都該是繁榮富強才對。很可惜，曼德拉卻把這個局勢弄倒了。

曼德拉的入獄經歷

時間要來到一九九〇年的二月十一號，南非當局在國內外輿論壓力下，宣佈無條件釋放曼德拉，曼德拉由此結束了長達二十七年的監禁生活，由於他在之前創立的「民族之矛」政黨聲勢很大，在國內外都很有名氣，因此人們一聽聞他被釋放，就全擠到街上等著看他。曼德拉的座車幾乎沒法移動，開了六個小時才穿過擁擠的人群。

關監獄是政治家最大的政治資本，青年汪精衛被滿清政府關了兩年，成了護黨救國的大英雄；李敖被政府關押了五年，成了反抗專政的大作家，曼德拉足足被關了二十七年，這還得了，他一被放出就成了世紀大英雄，媒體圍著他的一舉一動繞，他的每一句話都像是金石之言，隨便說段話都足以載入史冊。

但由於曼德拉在監獄期間受得苦太多了，人們也逐漸盲目，只用同情的眼光看待他，忘了他背後的陰暗面。曼德拉為什麼會被抓？人們都認為是他主張反對種族制度的關係，但其實這根本不是重點，當時在南非主張種族平權其實是很稀鬆平常的，任何人都可以做，即使在公共場合舉牌子抗議也不會被抓。但是曼德拉顯然做過頭了，他不僅在公共場合抗議，還採取破壞公共設施的行動，試圖最大限度地威脅政府解放人權。

但是，使用暴力的方法來表達訴求，政府怎麼可能會聽呢？當時已經是二十世紀六〇年代了，已經步入全球化的社會了！想要表達訴求，可以到聯合國發表訴求，或者是發起和平遊行，但是曼德拉一開始就不打算這麼做，他們在夜深無人時炸毀軍事設施、發電站、電話線路和運輸系統，惹得社會人心惶惶，曼德拉更宣稱如果這些策略沒辦法讓南非走向平權，民族之矛將採取「游擊戰和恐怖主義行動」。結果曼德拉就被捕了。

曼德拉在被捕之前，其實民調不怎麼高，有很多人都討厭他，包括一些黑人知識份子認為曼德拉是在胡鬧，不會成氣候的。但是事情就怪在，曼德拉被捕之後，民調居然突飛猛進！他不滋事後，聲量反而變大了，一是因為當時南非政府的審判機制不太妥當；二來左派媒體在西方世界異軍突起，他們擁護人權，也跟著無條件的擁護曼德拉，將他的一切行為都合理化了。

曼德拉在二十七年的關押生活中，人們逐漸忘記他的壞，只記得西方媒體捧的好，從一位近似於恐怖份子的人物，轉變為世界大偉人。

步入政壇的前後

不過，曼德拉出獄之後，南非黑人人權方面已經獲得很大的改善了，當時南非的領導人是戴克拉克，一位穩紮穩打的白人開明分子，他認為人權是必須平等的，但是人權必須循序漸進，不能突然搞太大的改革，免得讓國家一團糟，在他的任內中，政府陸續廢除一連串的種族隔離制度，讓民族慢慢靠近，慢慢融合，民眾在他的領導之下，踏實地向前邁進。

不過，曼德拉卻來攪局了，他大張旗鼓鼓吹立即提升黑人群眾的待遇，希望能馬上實踐種族平等，這種方法看似無比政治正確，但其實存在很多問題，做個比方來講，就像是辛亥革命一樣，人們雖然革掉了他們厭惡的清朝大魔王，但是過於劇烈的政治變動，卻使得中國經濟嚴重倒退了好多年，人民沒有過得更好，反倒讓一群狡猾的投機者們有了上升的機會。

不過，也許這就是人性罷，與其慢慢等著糖霜在嘴裡融化，人們總是想要一口吃掉所有的糖，冗長而穩定的改革，在他們的面前，遠不如一個聲勢浩大的大革命。

在一九九四那年，帶領南非走向民主化的戴克拉克，讓南非首次實現了多種族選舉，戴克拉克以為人們會喜歡他的務實，但是曼德拉卻已將近三倍的票數差，成為南非歷史上首位黑人總統。

曼德拉的極品施政

從此之後，曼德拉便開始了他的執政之路，俗話有道「贓官可恨，清官尤可恨」，相信是他政治作風的最佳詮釋了。贓官雖然貪汙腐敗，但人們都知道他的不好，不過一些自命「清官」者，雖不貪財，卻迂腐固執，決策獨斷，雖然做得每一件事情都符合仁義道德，卻悄悄將國家帶向衰落。

曼德拉上台做的第一件事，就是用法律嚴格規定黑人與白人的公務員比例，在戴克拉克執政期間，公務員是以學歷、才能作為選拔標準，會的東西越多，薪資也就越高，不過曼德拉卻想依照黑人與白人八比二的比例劃分，白人只能分到兩成的職務，這也導致許多高學歷的白人只能失業在家，而高中沒畢業的黑人卻得以坐擁高薪，在教育以及醫學行業更是如此，南非在各類專業領域呈現都急遽下滑。

國際的輿論怎麼說？曼德拉真是一位聖人！

此一政策也影響到國內的飛機製造廠，在當時，南非的航太產業是非常發達的，是非洲唯一能做到國防自主的國家，但是這些高級技師和工程師，無一例外都是白人，曼德拉政策一出，好多人都丟了飯碗，湧入的黑人卻連機械都不懂得操作，使得國外訂製的飛機無法交付使用，曼德拉驀然回首，本想重新恢復白人比例，但是這些人早就被其他國家挖腳走了，曼德拉索性不拉韁繩，將政策繼續下去，最後的結局是甚麼呢？白人工程師全跑了，而黑人也因為拿不到訂單，所以失業了，國家好不容易打開的航太產業鏈，也就這樣莫名其妙地葬送掉了。

國際的輿論怎麼說？曼德拉真是一位聖人！

在本末倒置之下，南非的失業率已經達到百分之二十，犯罪率和失業率總是相輔相成的，閒閒沒事做的人們遊蕩在街上，對社會治安造成了很大的影響，我們引用英國《經濟學人》雜誌的報導：「南非是世界上暴力犯罪最嚴重的國家之一。每天有大約五十起蓄意殺人，一百起強姦，七百起盜竊和五百起其它暴力襲擊犯罪被官方記錄在案。」

更令人作嘔的事情是，南非的強姦犯還會專門挑選未成年的女性犯案，當地人們迷信，如果和處女從事性行為，那麼愛滋病就可以不藥而愈，這也導致南非的愛滋病比例急速上升，每五位成年人就有一位愛滋，每十位孕婦就有三位愛滋。此時我們的曼德拉做了甚麼呢？他宣布廢除死刑。

寫到此處，作者不禁想大聲讚嘆：曼德拉可不愧是古今道德之完人啊！即使那些狀況更好的歐美國家還沒動作，即使國內兇殺和強姦問題猖獗，他還是為了實現自身高尚的道德價值觀，開始大步邁進走向廢死了，這也讓原本已經很嚴重的犯罪率，走向病入膏肓的不歸路。

國際的輿論怎麼說？曼德拉真是一位聖人！

曼德拉接著又做了一件匪夷所思的事情，他在國家經濟大幅衰退之下，居然大張旗鼓地推行社會福利制度！他大量建造社會住宅和增加福利，試圖讓國家不要衰退得那麼迅速，不過這種邏輯想想就有問題，如果真的要解決問題，那就該從問題的點下手，與其給別人魚吃，不如給他釣竿教他釣魚，曼德拉只是發放失業金給他們，卻不做些鼓勵經濟的措施，龐大的福利支出使本來拮据的南非經濟捉襟見肘，國家變得更黑暗了。

由於曼德拉的執政失當，白人們一看覺得自己沒戲唱，紛紛出走國外找工作去了，他們在各個地區開枝散葉，也不願意再回到混亂的家鄉裡去。原本白人人口總數最高曾到百分之十五，但是經過曼德拉執政過後，人口迅速下降到百分之九，等於六個人就有一個選擇出走國外。曼德拉此時卻順水推舟，頒布了《礦產和石油資源法》，將刀口指向那些離開南非的白人，把他們合法擁有的龐大礦產公司全數收為國有！

礦產資源一直是南非最重要的收入來源，但新來的國營企業競爭力低落，讓原本穩定的市場硬生生地被其他國家取代掉，步上飛機製造廠的後塵了。

國際的輿論怎麼說？曼德拉真是一位聖人！

就連曼德拉最引以為傲的種族平等，其實也存在著一眼就能看破的問題，曼德拉創辦的政黨「非洲民族議會」在執政之前為了宣傳政黨，曾經創造了一系列的黨歌，這些歌詞最好越吸引眼球、越誇張越好，其中又以種族主義歌曲《殺死布爾人》最具臭名，歌曲是這麼唱的：

前進吧，民族之矛
民族之矛，我們是民族之矛的成員
我們誓言去殺死他們
那些布爾人

打著種族平等的旗號，卻在歌頌不平等的歌曲，有一次政黨集會時，曼德拉居然帶頭唱起《殺死布爾人》，而且還被西方媒體抓到了，曼德拉以為記者不懂非洲話，唱完歌之後還若無其事，假裝甚麼事情都沒發生過地說：「今天是一個非常令人激動的時刻，對於大家，對於和平，對於南非人民之間的愛。」結果馬上就被抓包了。

而這首歌曲一直存在到二〇一〇年，才被法院裁判違憲，從此消失在社會之中。而在此前，非洲民族議會的黨員們，居然可以在大街小巷，甚至是國會殿堂大唱此曲。

國際的輿論怎麼說？我甚麼都沒看見，曼德拉還是一位聖人！

曼德拉的政治評價

曾是非洲大陸最璀璨的明珠，被人們譽為非洲頭號大國的南非，隨著社會的動盪和經濟的衰退，光芒正在迅速地消逝。曼德拉總共當了一任總統而已，他雖然自稱自己是因為不戀棧權位，但明眼人一看就明白，他是因為政治策略失敗，被黨內的大老給勸下來的。不過即使施政一蹋糊塗，非洲民族議會做完任內四年之後，依然是國內第一政黨，這種情況到現在都還沒打破。還記得末代白人總統戴克拉克嗎？依照他原本的南非民主化計畫，原本政府打算循序漸進，先從讓人民了解一定的政治知識，等到他們明白政治的來龍去脈後，再開放民主選舉，但這個政策被扼殺於胎腹之中了，南非所剩下的政治作風，只是愚蠢地提倡「白人們把選票投給白皮膚」、「黑人們把選票投給黑皮膚」，黑人人多，每次都贏，不管政府做得怎麼爛，他們都認為只要支持曼德拉的政黨，那就是正確無比的事情。

曼德拉在二〇一三年逝世時，國際仍不乏有一群人吹捧著他的生平經歷，讚嘆曼德拉的聲量依舊比質疑他的聲量多。但是讀完這篇文章後，相信讀者們也會明白：一個偉大的人物未必就是一個合格的政治人物。曼德拉固然偉大，他能為了實現自己的理念，在長達二十七年的監獄生活硬撐下去，並且打出一條活路來，僅此一例，就直得我們學習。但是，受苦受難得多，不代表學到的東西更多，也從未是治理一個國家的標準，曼德拉是西方左傾媒體塑造出來的偉人，而不是一位實質意義上的政治家，實際上，曼德拉逝世後唯一留下的東西，只是一副空有其名的招牌，和一個衰敗的國家。有人以「整個世界的聖人，一個國家的罪人」來評價曼德拉，這當屬於對他最恰當的政治評價。

老師不好意思教的

毛澤東

我愛吃**辣椒**、吸**香菸**！

——毛澤東的**不健康飲食**生活

16

世界奇葩史

每當中午將至，熱氣薰天之時，毛澤東的寓所裡總會傳出有節奏的敲擊聲，這可不是毛澤東在聽搖滾樂，而是開始享用午餐前的「序曲」。不知道是不是有注意力不足過動症（ＡＤＨＤ）的跡象，毛澤東每次用餐時，雙腳總是不停地在地板上拍打，敲出沉沉地抖腳聲。許多人受不了毛澤東沒禮貌的行徑，但他倒怡然自得，為將抖腳這一壞習慣給合理化，給它取了一個形象名字——「擂鼓」。後來有人為了迎合毛澤東的癖好，還特別訂製了一個木桌子，下方安著一塊符合人體工學的木板子，好讓毛澤東抖腳時……喔不，是「擂鼓」的時候能舒服點。

老實說，這張桌子看起來十分不起眼，如果去掉底下的擂鼓木板，僅是個長寬不足一公尺的小型木製書桌，如果將他放進小學教室中，完全沒有人會察覺。不過，這張破桌子的歷史意義遠大於實際意義，毛澤東在這桌子上度過了將近二十年的政治生涯，不論是批改政務，閱讀書刊，還是享用餐點，皆在此桌辦事。而老毛在這桌子上最開心的時刻，當屬吃辣椒、夾腐乳以及把腳翹到上面抽菸。

毛澤東的興趣嗜好

由於毛澤東本人的名氣大，有關他的記載非常之多，使我們能在其中窺見很多有趣的八卦軼事。就拿興趣來說好了，毛澤東一生最喜歡抽菸了，他不僅菸癮很重，還對健康食品不屑一顧，屬下送他珍貴的燕窩，他連一口都沒吃，就把燕窩拿去送給人民大會堂了。

不僅如此，毛澤東的飲食習慣也很特別，他最愛吃的東西不是食物本身，而是調味料！像是腐乳、馬齒莧及辣椒，毛澤東可謂愛不釋手，這三樣東西的味道很特殊，比照台灣美食來講，跟香菜的地位頗有相似之處，有些人覺得味道誘人，能增進食慾，有些人卻覺得奇臭無比、望而卻步。毛澤東對它們情有獨鍾，將腐乳、馬齒莧、辣椒譽為「老三樣」，也就是「吃飯老是要加的三樣食物」。

在老三樣中，又以辣椒最受「寵信」。人們一聽到辣椒，首先便聯想到川菜，不過毛澤東不是四川來的，他是湖南人。說起這個湖南，地理環境其實跟四川差不多，平時濕氣籠罩，夏天一到更是又濕又悶，人們只能透過吃辣出汗，排出體內的汗水。毛澤東在這種環境下長大，自然對吃辣一事相當依賴，每次吃飯總要添上許多辣椒，有時還吩咐廚師製作炒辣椒開胃。

由於毛澤東每次都嫌不夠辣，屢屢要求再送碗炒辣椒，以至廚師乾脆直接把炒辣椒定為主菜了。他對辣椒的愛好不僅反應在個人餐點，也反應在各個外交場合中，據周而復《往事回憶記錄》紀載，六〇年代，毛澤東宴請秘魯哲學家門德斯時，為了展現自己獨特的飲食愛好，特別點了一盤特大號的炒辣椒，菜一來就往嘴塞，讓門德斯覺得很尷尬，因為他根本不敢吃辣，毛澤東見他面有難色，露出自豪的笑容：「我小的時候，最初吃辣椒也怕辣，不敢吃，一點一點吃，慢慢就習慣了。到後來，不但不怕辣了，還怕不辣哩。」

毛澤東很喜歡辣椒帶來的刺激快感，有人曾問毛澤東，為什麼那麼喜歡吃辣，難道吃清淡不好嗎？只見他哈哈大笑，吟誦出湖南民間流傳的《辣椒歌》：

「要問辣椒有哪些好？隨便都能說出好幾條。去濕氣，安心跳，健脾胃，醒頭腦，油煎爆炒用火燒，樣樣味道好。沒得辣子不算菜呀，一辣勝佳餚。」

無論是多麼好吃的食材，每一種食材都必然存在它的缺點，辣椒也是一樣，辣椒中含有的辣椒素會刺激胃黏膜，吃太多就容易拉肚子。這麼一說，毛澤東應該經常拉肚子才對，但就毛澤東醫療小組主要成員李志綏回憶，毛澤東的消化系統十分厲害，他的胃簡直就像是專門為吃辣椒而生，不管吃多少都不疼，也未曾拉過幾次肚子，倒是咀嚼系統糟糕極了，毛澤東不喜愛刷牙，又偏好重口味飲食，致使老年時牙齒完全變色，「像刷了綠漆」一樣。

牙齒不好，吃完辣椒後當然牙疼，但毛澤東不忍遺棄家鄉的好滋味，廚師程汝明擔心毛澤東飲食習慣不正常，將來恐怕出大問題，曾有一次對他說：「主席，上火了就牙疼，你能不能不吃辣椒，吃辣椒是上火的。」毛澤東不聽，詭辯道：「什麼上火，吃辣椒是清火的。我喜歡吃的，就證明我身體缺少了，需要了，就能消化得好、吸收得好，吃得心裡也舒服。」也不知程汝明聽聞此言作何感想就是了。據說毛澤東晚年臥病在床時無法咀嚼，只能吃流質食物，他竟然命令醫生將辣椒醬一滴滴點入嘴巴，對辣椒之熱愛可見一番。

辣椒政治學

中華人民共和國成立之後，毛澤東和蘇聯關係表面上看來非常親密，實際上卻暗流湧動，各有各的較勁。曾有一次，蘇聯派出一位外交使節米高揚訪問中國，這位使節表面上看似好聲好氣，實際卻很不滿意毛澤東的種種措施。一次宴會上，米高揚邀請毛澤東較量一下酒量，好讓他在公眾前出醜，但毛澤東一眼就看穿了他的心思，怎麼肯接受呢？米高揚拿起一瓶烈酒直往肚子灌，給了個眼神，示意一起拚酒，毛卻不給面子，淡定地夾起一旁的一條炒辣椒，津津有味的嚼了起來，米高揚有樣學樣，結果才剛咬下，就噁心地吐了出來，眼睛都流出淚了。

辣椒不僅出現在毛澤東的餐桌上，也出現在他的政治理念中，一九三〇年五月，毛澤東赴江西考察，當地的人們都知道毛澤東喜歡吃辣，特地為他炒了一份燈籠椒。此椒乃是當地特產，長相渾圓肥大，顏色紅潤飽滿，看起來令人望而卻步，不過當毛澤東吃下肚後，發現其實根本不辣，他沉默了許久，口中念念有詞：

「凡事不能光看外表，要調查研究。我一看這紅燈籠椒，以為辣得厲害，可實際一點也不辣。我們湖南辣椒個子小，卻辣得很。現在的反動派，別看他們外表嚇人，其實就是個燈籠椒，而我們革命者，現在人數不多，卻個個都是湖南辣椒。」

小小一根辣椒，卻能解讀出馬克思主義的意象，能做到這種境界的人，大概只有毛澤東一人吧。

在五〇年代末期，毛澤東到上海接見一批資本商人，會後跑去餐館用餐，沒想到這家餐館只提供上海的特色小吃，像是小籠包、饅頭、餛飩之類的清淡食品，毛澤東吃慣了重口味，四處尋覓調味料和辣椒罐，卻怎麼也找不到。下午時，毛澤東召見劉少奇和周恩來，或許是因為中餐的不滿足，毛澤東突然想起了他心愛的辣椒，隨口問道：「貓是不吃辣椒的，你們能不能讓貓吃辣椒？」

劉少奇說：「這還不容易？讓人抓住貓，把辣椒塞進它嘴裡，然後用筷子捅下去。」毛澤東皺眉不語。

周恩來則說：「我首先讓貓餓三天，然後把辣椒裹在一片肉裡，如果貓非常餓的話，就會囫圇吞棗般地吃下去。」毛澤東連連搖頭。

毛澤東兩者都不同意，他的正確答案是：「可以把辣椒擦在貓的屁眼上，當牠感到火辣辣的時候，不但會自己去舔掉，還會感到刺激和興奮。」

聽毛澤東此番見解，三人同時放聲大笑。

從故事中，我們可以隱約看出三人的政治風格，劉少奇偏好直取，周恩來偏好曲求，而毛澤東則是偏好在讓人民受苦受難的同時，又讓他們覺得這是一件悅目娛心且無比正確的事情，在傷人的同時討好他人，在人家不願意時強迫人「主動參與」，這種政治心理學實在令人毛骨悚然。

毛澤東的心理狀態確實耐人尋味，據侯波回憶，毛澤東曾有一次邀請同僚一塊出門踏青，忽然看到遠處山莊起火，大家都嚇得目瞪口呆，只有毛澤東開心得手舞足蹈：「著火好！著了好！燒了好！」還輕快地吟誦出《紅樓夢》裡的段子：「落了片白茫茫大地真乾淨！」

吞雲吐霧

講完了毛澤東的飲食生活，我們再來講他的第二號興趣——抽菸。

毛澤東活到了八十二歲，只有前面二十年沒有抽菸，自從二十一歲那年染上菸癮後，毛澤東天天抽，天天樂，曾有過一天吸五十多支菸的紀錄，抗日戰爭和國共內戰的時候，毛澤東依然菸不離手。當時民生用品供應很緊張，更別說是香菸等奢侈品了。毛澤東沒辦法取得一定品質的香菸，只能不看品牌，拿到什麼吸什麼，有時菸捲斷貨了，他乾脆把公文紙捲成圓柱狀，把菸絲塞進裡面點火。雖然容易燒到手，且菸絲還會不小心掉出來。但為了解決嚴重菸癮，老毛已經急切地沒法計較了。

吸菸有害健康，這是自古不變的道理，早在明朝時期，崇禎就已經下了「禁菸法令」，還頒布了「吃菸者死」的霸氣詔旨，當時中國人普遍不知道吸菸的傷害，崇禎的初衷也不是為了人民健康著想，而是怕他們玩物喪志，拖累國家。

中國開始知道吸菸有害健康時，已經是乾隆皇帝時期了。清朝前期沒有管制菸草的法令，結果人人吞雲吐霧，體質漸衰，乾隆皇帝自己也染上嚴重菸癮，咳嗽不斷，直到太醫診斷出是吸菸傷肺，乾隆才趕緊將手中的大菸扔走，決心戒菸。

到了清朝末年，普遍大眾已經察覺吸菸有害，中醫書籍也不乏有「抽菸傷身」的勸諫言詞，毛澤東再怎麼土氣，也自然明白其中的道理，曾經試圖戒了幾次菸。

第一次戒菸是在一九三八年左右，當時加拿大醫生白求恩率領北美醫療隊往返國際實行人道支援，由於他本人是共產黨黨員，白求恩的醫療團隊並不願意和國軍共同作戰，而是在中共的大本營延安替中共高層及八路軍治療。白求恩在檢查毛澤東身體狀況時，發現他患了肝病，白求恩隨即勸告其戒菸，並舉例了吸菸過量的種種危害，諸如肺炎、不孕、血管堵塞等等。初次聽聞吸菸危害的毛澤東，心裡「格登」一下，全身都顫抖起來，走出醫院以後，毛澤東真的嘗試戒了一段時間的菸。

戒菸的生活很不好受，體力明顯變差，像感冒一樣，渾身乏力，頭腦昏沉，每天的時間感覺都變慢了。沒過多久，毛澤東就忍不住拿起大菸點火了。

第二次戒菸是在史達林去世的時候，當時中共和蘇聯的關係還沒有變差，蘇聯最高蘇維埃主席團主席伏羅希洛夫元帥訪問中國，和毛澤東討論將來的政治規畫，會議快結束時，毛澤東似乎有點疲憊了，掏起菸來抽，整個會議室頓時煙霧瀰漫，惹得菸酒不沾的伏羅希洛夫很難受，說：「蘇聯的醫學專家認為，如果史達林遵照醫囑戒了菸的話，他可能不會逝世得那麼早。」毛澤東心頭一涼，趕緊丟掉手邊的香菸，但幾個月後，他還是繼續吸菸了。

當時間來到一九七二年時，七十九歲的毛主席早已皓首蒼顏，陷入到疾病之中了。一些心腹為了討好他，紛紛供上燕窩、水果、紅棗等補品，但毛澤東才不信這些，將這些珍貴食材全送到了人民大會堂招待官員。吸菸對毛澤東的健康越來越不利，剛開始他依然故我，自顧自地抽菸，工作人員將只能將其香菸進行特別改造，往裡摻加些中草藥，雖然說不上止咳化痰，但至少能減少菸裡的有害成分。

毛澤東仍然不停地咳嗽，直到一次掛急診後，毛澤東才自知該停止了，於一九七四年展開了第三次戒菸，但此時已經為時已晚，一九七六年，毛澤東戒菸的第二年，就因為各種健康問題併發而逝世了。雖然只戒了兩年，但換句話講，這次他總算做好做滿，再也沒碰過香菸了。

老師不好意思教的

甘地

我以後**不吃飯**了！

——甘地與他的**不合作運動**

17

世界奇葩史

一八九三年六月七日，一列火車在南非大地上飛快的行駛著，這是個平常的一天，車上的列車長也一如往常地按照著每天的進度，去執行自己前往各個車廂查票的例行公事，到了頭等車廂的時候，車門一打開，這個列車長馬上就露出了皺眉頭的表情，為什麼呢？原來有一位皮膚黝黑、留著八字鬍的年輕乘客也在這個車廂裡面，和其他的白人乘客，顯得格外不同。

這位年輕人也看到了列車長，正準備從自己的行囊拿出車票，這時列車長卻跑去跟這位年輕人說：你不可以坐頭等車廂。年輕人就露出了一臉訝異的表情：可是我有買頭等廂的票阿，怎麼就不能做這兒了呢？列車長態度堅持地說：「不管，你就是不能坐頭等！」年輕人又緊接著出示了自己的頭等火車票，但還是換來列車長同樣的一句話：「不管，你就是不能坐頭等！」看著年輕人的問號越來越多，列車長最後還是選擇跟他解釋原因：「因為你是有色人種。按照規定，頭等廂是只能給白人坐的，有色人種必須去坐三等車廂。」

年輕人越聽越不解，為什麼我是有色人種，就不能坐頭等廂呢？至少我有買票吧，於是，為了捍衛自己的權力，年輕人開始與列車長爭辯，甚至丟出了他自己是大律師的高級地位，可列車長依然無動於衷，反而揚言說：你再這麼不長眼，小心老子等下把你從火車上丟下去！年輕人聽到這話，依然不願放棄自己的權利，繼續更強烈地據理力爭，然後，他就連著行李帶人，真的被列車長給轟出去了。

這個年輕人被轟下去後，呆站在一個鳥不生蛋、狗不拉屎的小站，因為附近都沒有市集或旅館，人生地不熟的，天知道下一步要去哪，同時，這次的火車驚魂記，也讓這位年輕人開始反思，要如何改變這種嚴重的歧視規定，要如何改變這種不平等的現實。這位年輕人，就是後來被稱之為「聖雄」的甘地。

甘地的前期生活

大多數人一看到甘地的照片，肯定會覺得他這個人沒受過什麼教育，衣衫不整，鬍渣滿面，邋裡邋遢的，事實上他的學歷可高了，在二十四歲那年就獲得英國律師資格，並被公司外派到海外工作，甘地從家鄉印度來到同屬於英國殖民地的南非求生存，期間，他看到有許多的印度人在南非受到的種種不平等待遇，印度人不僅工作時間比別英國人還要長，薪水還比較低！沒有做好工作，還會被英國上司打得半死！

這些都加速了甘地反抗殖民政府的思想形成，甘地開始思考自由意識的重要性，成為了一名憤世忌俗的憤青，也因此，甘地青壯時期曾多次入獄，監獄甚至成了他的第二個家，在南非的這些年，甘地持續在吸收各種民族主義著作和印度的古文明史詩，領悟其中各種深不可測、超凡脫俗的道理。

後來甘地為了實踐自己的理念，拋棄了高薪的律師職位，回到家鄉印度參加了當時的「印獨」政黨——印度國民大會黨（簡稱國大黨），並受到裡面許多志同道合的人支持。甘地開始宣揚他的理念，其中就包括我們國中小課本就教過的不合作運動、非暴力抵抗、公民不服從等等。甘地為什麼要宣揚所謂的「非暴力」呢？英國人有槍有砲，還真的相信靠著暴力就能使得殖民者讓步嗎？其實呢，暴力這回事，也不是說沒人做過，在印度剛被英國殖民時，原本早已經獨立的印度各土邦遭到英國人的干涉，紛紛起來反抗，甚至一八五七年時還爆發了一個「印度民族大起義」，死了上萬人，但最後仍然被英國直接鎮壓，而這次起義的失敗也嚴重打擊了印度人的自信，此後數十年的時間，印度人不想再起來抗爭了，他們什麼都不想做。這就是為什麼甘地要鼓吹非暴力，因為他已經明白了，比拳頭，印度人一點勝算都沒有。

一九一九年，一戰剛剛結束，世界各地都瀰漫起一股民族自決的思潮，有一次，在印度北方的旁遮普邦，有一群民眾在舉行政治集會表達對政府的訴求，結果英國人看到此景，就以為有人要鬧事，遂派了一堆警察和軍人前往鎮壓，並對無辜的群眾開槍射擊，死了約一千多人。這次屠殺事件使甘地非常悲憤，看到自己的同胞被殘暴的殖民者殺害，誰能不心痛呢？也因此，甘地反殖民的立場更加的堅定了。

食鹽進軍

在甘地這一輩子所有大大小小的抗爭中，最著名的一次，肯定是屬「食鹽進軍」了，當時的英國殖民政府利用管控食鹽的價格來獲取暴利，並且頒了很多法令來禁止印度人民自己造鹽，這就等於說，就算你會煮鹽，也只能花大錢去買外國的進口食鹽，把錢就這麼都送到英國人的口袋裡。

「你怎麼能夠逼迫我們花大錢買一堆我們自己就造得出來的東西呢？」甘地

這麼說道。靠著天生的領導風範，他旋即糾集了上千人，組成了一支浩浩蕩蕩的遊行隊伍，去找英國人理論，順便去教群眾們如何自己煮鹽吃。他們開始徒步，走了三百多公里的路程，好不容易總算走到了目的地丹地，英國人看到印度人來了，手拉著手，排著方塊隊伍，氣勢十足，沿路還教導鄉民自己煮鹽，這太可怕了！當然一定要阻止他們啊，接獲訊息的英國軍隊馬上組織起武裝隊伍，開始暴力鎮壓印度人，正當印度人準備拿起棍棒準備反擊時，甘地大喊：「不管英國人怎麼打我們，我們都千萬不要還手！」甘地認為，仇恨只會帶來更多仇恨，我們可以用我們自己的犧牲，來喚醒英國人的良知，從而使他們檢討自己的過錯並使其懺悔，那訴求便達到了。群眾們真的很聽話，手無寸鐵的他們，面對英國人的警棍和鐵棒，毫無懼色，一批人被打倒在地，另一批又挺身而上，仍保持著原來的隊型。

那這招非暴力的招式最終效果如何呢？英國人還真服軟了，只不過他們根本就不是什麼良心發現，而只是他們在打人的時候，不少的記者都在旁邊看著，在當時人道主義盛行的西方，這種不文明的鎮壓方式，馬上就會上報了，上報之後，英國就理所當然地遭到了其他國家的一致譴責，作為以紳士自居的國家，英國怎能忍受這種奇恥大辱呢?所以後來,英國人終於讓步,廢除了食鹽專營法。

之後,英國人展開報復,開始清算食鹽進軍當中的罪魁禍首,其實不逮捕甘地還行,他根本不會讓英國造成除小部分經濟損失以外的負面影響,逮捕他後反倒適得其反,甘地底下的群眾全都怒了,他們要求英國人立即釋放甘地,否則就在場六萬人一起去陪甘地坐牢,把監獄給塞爆,英國人迫於壓力,沒多久就把甘地給放了。

甘地被放後,除了感謝群眾們的拔刀相助,另一方面也不忘繼續鼓吹推翻英國殖民的言論,他向群眾述說了自己在獄期間的各種體悟和經歷,例如在坐牢期間,甘地開始勤於做「紡紗」這件事,天天拿著紡紗機在織布。織布照甘地自己的說法是:「以後我們要開始抵制外國貨」,尤其是英國的產品,別穿他們的西裝和領帶,我們印度人可以自己織土布來穿,既環保又愛國,一舉兩得。此番言論一出,甘地的信徒們就瘋狂了,他們以為織布有更深層的含意,更奧妙的哲學在裡頭,於是開始有樣學樣,一時間,織布竟然就這麼成為了一個神聖的儀式。除此之外,甘地在獄期間還去掃過廁所,他認為「掃廁所可以獲得心靈的潔淨,且廁所的衛生是尤為重要的。」從此以後,就連掃廁所也變成了當時印度一個無比尊貴的工作，每個甘地的信徒都以織布和掃廁所為榮，說起來這情景還真是有點奇葩……。

「要嘛行動，要嘛死亡」

一九三九年，二戰爆發，英國以同盟國的身分加入了這場戰局，其底下的各殖民地也紛紛跟隨著母國的腳步派兵參戰，甘地雖然對被軸心國侵略的國家表示同情，但另一方面，他也表示，只要印度一天沒有獲得英國獨立的承諾，印度人民就不會支持英國的戰爭行為，不管你的理由有多麼地光明偉大。英國人對於這番言論則冷淡的表示：我才不會讓你獨立，你還是得參軍，因為你是生在帝國的領土。此外，為了遏止甘地「亂黨」越鬧越大，英國人在應付戰爭的同時，還不忘三不五時的騷擾、分化一下印度，製造其中印度教徒和伊斯蘭教徒的分裂和內鬥，使獨立變得更加困難。

英國這麼強大，要靠自己的力量獨立如同癡人說夢般不切實際，因此甘地認為，在日本的幫助下建國是印度唯一可能的獨立出路。甘地偷偷和大日本帝國展開合作，起草了一個讓英國從印度退出的計畫，稱為「退出印度」，運動的口號是：「要嘛行動，要嘛死亡」，以期和日軍來個裡應外合一起趕走英國佬。可惜日本鞭長莫及，戰線一直打不到印度，而且甘地才剛策劃完成就被英國人給知道了，馬上被關到監獄裡吃牢飯，國大黨也被禁止活動。然而這次甘地的群眾，不陪坐牢、也不玩非暴力遊戲了，他們紛紛直接在印度各地行動，各種拆鐵道、拔線桿，毀壞火輪船，每天起床都能聽到刀槍撞擊和子彈亂飛的聲音，僅一九四二年就有兩百五十個火車站被破壞，五百個郵局受到襲擊，一百五十個警察局被攻擊。甘地看到自己的非暴力理想被搞成這樣，悲憤交加，於是開始在監獄裡實施絕食，這一次甘地共絕食了三個禮拜共二十一天。

期間，甘地只以一點小蘇打水充飢，中途脈搏十分微弱，眼看就快要駕鶴西歸了，但這位高齡七十四歲的老人依然打敗了死神，英國迫於政治壓力，終於在一九四四年以甘地生病為由，放其出獄。英國人放甘地出獄的另一個原因是，他們認為甘地對穩定印度局勢有著正面作用，以期透過甘地來繼續維持帝國在印度的利益，然而，隨著二戰的結束，英國對外的控制力大幅減弱，殖民地的風氣已然成為明日黃花，曾經的日不落帝國終於迎來了落日。

混亂的獨立

英國可以說得上是全歐洲最能看清時局的國家了，有利的話能坑就坑，不利的話能放就放。明白自己的實力已經無法繼續控制印度後，英國終於改觀，決定來個瀟灑地轉身，轉而開始幫助印度獨立，並不斷地跟當地人民協商新政府將以怎樣的方式存在，但這其實也是個大難題，因為印度這個國家裡面，不同宗教的人太多了，就舉最大宗的印度教和伊斯蘭教來說，這兩個就已經是冤家路窄了，且衝突還愈演愈烈，更別提錫克教、佛教、耆那教等其他宗教了。

不過英國卻看輕了印度宗教的對立性，只草草地將印度給分成印度教徒佔多數的印度共和國，以及伊斯蘭教徒佔多數的東巴基斯坦（今孟加拉）、西巴基斯坦，因此導致在印度裡有許多的伊斯蘭教徒，在巴基斯坦裡也有許多的印度教徒。英國在提出方案後，開始極力遊說印度各個土邦接受，甘地則對於分治的方案，強烈地表示反對，他希望印度應該要是個統一的國家，有個殘缺的巴基斯坦還不如沒有巴基斯坦好，但此時大多數的人民、土邦、就連國大黨的成員都已經選擇接受了，他們沒有注意到有個潛在的大危機正在蘊釀當中。

一九四七年八月，印度和巴基斯坦正式獨立，而隨便劃分的結果就是伊斯蘭教徒和印度教徒開始仇殺對方，且衝突還不斷擴大。在印度，多數的穆斯林慘遭屠戮，房子財產也都被劫掠一空，巴基斯坦也是，印度教徒被殺戮、驅逐。為了活命，穆斯林逃往巴基斯坦，印度教徒逃命印度，巨大的難民潮遷徙洪流綿延了數十里，各地橫屍遍野、血流成河，宗教的仇殺蔓延整個印度次大陸，剛成立的兩個政府建國第一件事，不是辦什麼開國大典，而是要處理這兩派人馬的互相仇殺，動用一切的交通工具救濟己方難民，並遣送對方難民出境。

為了呼籲民眾冷靜、克制，並用愛來喚醒真知，高齡七十九歲的甘地來到了許多各派宗教人馬雜居的地方，或是宗教對立最激烈的火藥庫，以公開遊說的方式去感動瘋狂的民眾。但過沒多久，教派騷亂又繼續開始了，甘地只好使出殺手鐧，發起了好多絕食行動，並發誓如果不能看到兩派人民和平相處，他就先把自己餓死，當地的黨政、宗教領導人看到甘地又絕食了，在他的感召之下，用盡各種方法，總算阻止了暴亂。絕食真的是一種很不可思議的感召力量，只要甘地一使出這招，基本上沒有什麼是他不能擺平的，這也就是為什麼世人稱甘地為聖雄，即意味著他不只是英雄，還附帶一個聖人的光環。

甘地之死

甘地全心全意地促進印度的和平，此舉卻招致了一些印度教極端份子的仇恨，他們認為甘地阻止仇殺的舉動等同於是向穆斯林投降，所以欲除掉甘地而後快的仇恨情緒在逐漸地蘊釀著。

一九四八年一月三十日下午五點，甘地從他的寓所走出來，前往室外的草坪和在那兒等候的五百多人一起進行晚禱會，當甘地邊走邊雙手合時行禮時，突然，一位青年衝了出來，先是向甘地俯身行了禮，旋即掏出手槍向甘地連發三槍，兩槍射中前胸，一槍擊中腹部，甘地雙手合十，口中微唸印度教大神羅摩的名字為那位兇手祝福，隨後就倒在了青草地上，不再呼吸。甘地遇刺後，兇手高德西很快就被逮捕，總理接班人尼赫魯等印度高層迅速趕到現場，尼赫魯向全國人民發表了哀悼講話，他形容甘地的死：「像是光芒已經走出我們的生命，現在遍地一片漆黑。」

甘地的故事至此結束，不過他的非暴力精神卻將永遠長存。在他死後，其不合作運動和這種非暴力的理念一直受到後人廣泛的評論，至今印度每到甘地生日，都還是會舉辦各種慶祝活動來緬懷這位聖雄，也藉此提醒人民不要一味地服從於不正義的暴政之下，當執政者跨越了不可跨越的底線後，底層人民便有義務開始抗爭，當然，我們也不能一味地期盼周圍環境會因時間自動改變，而應該是從身體力行，從自己開始做起，就如同他本人所道：「在這個世界上，你必須成為你希望看到的改變。」

老師不好意思教的

18 跟我去**旅行**！格瓦拉

——格瓦拉的**浪漫摩托車**情緣

世界奇葩史

西方有句俗諺說：「旅行使生命活躍，閱讀讓思慮開闊。」而東方人也說：「讀萬卷書，行萬里路。」從這兩句名言裡，我們都能看出兩個不同的文化，對於閱讀和旅行的重視，確實，若要充實自己，這兩者缺一不可。旅行打開你的眼，閱讀打開你的腦，同修同煉，才能開闊自己的內心。

相信各位讀者們，如果有去過一些復古風格的餐廳或是平常走在大街上時，應該或多或少都看過一位頭戴扁帽、留著鬍子、以堅定的眼神望向遠方的年輕人頭像出現在壁報或是各種衣服、T恤上，他是一位發起革命的大英雄，名字叫做切．格瓦拉。

革命夢想家

對於當今開放、自由的世界潮流而言，格瓦拉這個人是熱血、冒險的象徵，是革命界的傳奇人物。一九五九年他離開祖國，跟隨卡斯楚一起推翻了古巴的巴蒂斯塔政權後，緊接著官都沒做多久就直接跑去南美大陸上，繼續去幫助南美其他國家一起發動共產主義革命，對格瓦拉來說，革命就是他的精神寄託，就算後來因此賠上性命也不後悔。不過在他開始從事革命運動之前，其實也是位醫生，跟國父孫先生一樣，因為不滿社會現狀，好好的醫生不做、高薪不領，偏偏要跑去做危險職業。其實，格瓦拉的革命思想並不是與生俱來的，啟發的源頭，是來自於少時一場和好友的旅行。

時間是一九五二年，這年，格瓦拉和好友兼醫學院的同學阿爾貝托，雙雙辭去在阿根廷醫學院的工作。這看似是與富貴未來的一次錯過，但兩人都很高興能夠離開那個地方，而開心的原因，照格瓦拉自己的話說就是：「我是個夢想家，嚮往無拘無束的生活，我受夠了醫學院、醫院、考試這類無聊透頂的事情。」

辭職以後，兩人開始計劃著以後的出路。就在這時，好友阿爾貝托提了個建議：

「我們何不去環繞整個南美洲看看呢？說不定可以看到一些新奇的事物。」

「環繞南美洲，怎麼個走法？」

「還不簡單，騎你家的摩托車去啊，老弟！」

於是，在阿爾貝托的建議下，一場說走就走的旅行就這麼展開了。起初，格瓦拉和阿爾貝托並不知道這場旅途帶給他們的啟示會有多麼地大，只是單純想體驗漂泊在外而已。

格瓦拉×阿爾貝托的「閨密行」

在收拾好行囊後，兩個人就這麼出發了，他們共乘一台摩托車，從阿根廷的一個小城科多巴出發，經過首都，往智利的方向前進，雖然摩托車沒多久就壞了，但他們透過各種搭便車、徒步的方式，還是成功地抵達了目的地。一路上，他們看到了許多波瀾壯闊的風景，例如在進入兩國交界的安地斯山脈時，如此廣闊、無涯的景緻讓他感到嘆為觀止，蜿蜒的山路不但沒有讓他厭煩，反而增生出了一股對這鬼斧神工、自然藝術的敬佩，看到印加帝國在秘魯留下的馬丘比丘遺址時，他不禁開始回憶著過去帝國的輝煌，找回與過去歷史的連結。

除了風景，格瓦拉和阿爾貝托也在旅途上鬧了不少笑話，例如格瓦拉在智利參加派對時，原本想多帶幾瓶紅酒在路上喝，所以就在派對上不斷裝吐，而每次裝吐他都會把一瓶紅酒藏在自己的皮夾克下，再跑到河邊把它藏在水底下，就這樣，格瓦拉一共裝吐了五次，所以河裡也就這麼多出了五瓶紅酒。等到派對結束時，兩人正歡天喜地準備回到河邊去拿紅酒幫自己接下來的晚餐加菜時，卻發現紅酒全沒啦！這下子兩人全都傻住了，最後還是想不到兇手是誰。

還有一次，是發生在兩人寄宿在一個德國家庭的時候。之所以格瓦拉能夠寄宿別人家，有很大的一部分是他們倆一路走來幫助智利人民醫治了不少痲瘋病（漢生病）的患者，而由於智利那時醫療還沒普及，每當兩人治好了一個患者，當地的報社都會把他們當神一般地開始大肆報導，久而久之格瓦拉就成了當地人心目中的英雄，每個人都想讓他們來家裡住，這樣才可以跟鄰居炫耀，醫生的本領幫助格瓦拉在一路的旅途上總是能夠衣食無虞，每天都不用擔心今天吃什麼、睡哪裡，因為船到橋頭自然直，當地人會給他們安排。

而這次，在德國家庭寄宿的某天夜晚，格瓦拉睡得正熟，突然感到肚子一陣疼痛，似乎有黃河濁流呼之欲出，這便意來得如此突然，格瓦拉一時之間手足無措，他們在二樓睡，廁所在一樓，如果從樓梯爬下去，可能爬到一半就忍不住了，因此情急時刻，只好在房間就把褲子脫了，接著打開窗戶，坐在窗台上，瞄準窗生病以後，她卻是連工作和尊嚴都沒了。」

可惜，格瓦拉面對這個病入膏肓的老人無能為力，僅僅是開了幾帖藥並囑咐老人的家屬多加照顧，並讓她吃好一點。事後他在日記裡寫下了這麼一段話：

「在這些沒有明天的人身上，我們窺見了全世界無產者所經受的深重苦難，在這些垂死者的眼中，我們看到了希冀家人原諒的卑微願望，和希冀家人慰藉的絕望哀求，不過，他們的希冀注定是要落空的，正如她們軀體很快就會被廣大而冷漠的黃沙所掩埋。」

不過這還不是結束，很快的，格瓦拉的同情心再次發作，原因是他在另一個名叫巴圭達諾的小城，遇見了一對自稱共產黨員的夫婦，當時智利的共產黨是不被法律承認的，他們可能家被政府抄了，所以淪落在外，展開了沙漠流亡的生活：

「快要凍僵的這對夫妻，他們在沙漠的夜裡縮成一團，可以看作是這世界上無產階級的最佳代表。」

格瓦拉很大方地把自己的一條毛毯分給了他們，自己則和阿爾貝托兩個人勉強地擠在一條毯子裡，雖然這樣會為他們帶來寒冷，但格瓦拉在日記裡這麼表示：

「那一晚的寒冷，是我記憶中所僅見的，但那一晚也讓我覺得我和他們這個陌生族群更接近了一點。」

上醫醫國，下醫醫病

如果說這幾天以來所看到的種種悲慘境遇，已經讓格瓦拉心中的革命之魂甦醒了一半，那接下來他所看到的，將會直接把這革命之魂給喚醒。這次他所看到的，一樣是在智利。在智利北部一個名叫丘吉卡馬塔的地方，他們看到了有生以來所見最大的銅礦場，他形容這是「天神用巨槌在大地留下的傷口」，這個銅礦場是美國人的公司開的，老闆僱用了很多智利工人來挖礦，但是卻給他們很少的工資和安全設備，導致這份高危險職業從開挖到現在，已經讓多名工人命喪黃泉，剩下幾個大難不死、還活著的人，拿到的工資也僅能讓自己一人果腹，甚至有時還不夠。

格瓦拉記錄了他的所見所聞：「在這個大礦坑裡，冰冷的效率與無力的憎恨並存著，一方為了求生存而憎惡著那一心追求財富的另一方。」對格瓦拉來說，工人無休止的血汗勞動，使傷口越挖越深，就像在挖掘人間地獄，而一切都只為了填滿美國資本家那深不見底的口袋，這不只是美國人對南美人的剝削，也是對南美大地的糟蹋。

接下來，他們兩人繼續往前走，一路上每看到一個悲劇，格瓦拉的革命志向就會增強一分，最終來到了委內瑞拉，他們的旅途才終告結束。之後，格瓦拉回到阿根廷，整個人都變了一個樣，他感覺當醫生能救助的人太少了，所謂「上醫醫國，中醫醫人，下醫醫病」，若要真的拯救萬民於水火，就必須當個革命家，正因此，他開始結交各地的革命份子，包括後來的古巴領導人卡斯楚，一起對抗美國殖民帝國。格瓦拉用這短短三十九年的生命，不斷地幫自己，也幫其他人革命，例如開頭所講到的，推翻古巴的巴蒂斯塔政權絕對是格瓦拉一生當中最亮眼的戰績，我們整天講推翻推翻，但其實，真要推翻一個有世界第一強國在支持的政府談何容易，再加上當時南美洲國家通通都是美國的後花園，古巴要搞共產革命，那根本可以說是孤立無援。

縱使環境是如此的險惡，格瓦拉依然選擇了革命的道路。

彈藥箱的抉擇

據說在革命開始前，有人在格瓦拉面前放了個醫藥箱和彈藥箱，就是在問他，你是要繼續當醫生，還是要轉職當個戰士？此時，格瓦拉義無反顧的提起彈藥箱，表示自己與獨裁政府抗爭到底的決心，後面的事實也證明，格瓦拉的選擇是對的。

一九五九年，格瓦拉一行人帶著自己那支從只有兩百多人擴增到幾萬人的游擊隊，同心協力推翻了巴蒂斯塔政府，巴蒂斯塔本人則流亡國外，西半球第一個社會主義國家，從此刻起正式成立了！不過，古巴革命結束後，格瓦拉並沒有因此沾沾自喜，他認為自己應該要能夠推己及人，帶著共產主義的思想和精神，去解救更多在西方帝國主義統治底下水深火熱的人們。

一九六五年，格瓦拉來到離古巴不知有多遠的非洲國家剛果，當時剛果這個國家才剛獨立，但他們一獨立就打起了內戰，在這場剛果危機中，格瓦拉把自己在古巴的游擊戰策略，無私地傳授給當地的起義軍，但這次革命就沒有那麼順利了，剛果起義軍本身內部常常互相爭吵，導致遺失了許多良機，在濕熱的叢林待了七個月後，有心無力的格瓦拉離開了這個地方，又回到了他最熟悉的南美。

剛果革命失敗後，格瓦拉依然沒有放棄他的理想，而是轉戰到了南美的玻利維亞，這個以南美獨立運動偉人玻利瓦命名的國家，非洲革命不行，南美總可以吧？這畢竟是有成功的先例的。然而，這次的革命行動，格瓦拉誤判了玻利維亞的國情和情勢，這次的誤判，也將會讓他的革命生涯從此終結。

不朽的革命路

在得知格瓦拉這顆「災星」來到了自己國家後，玻利維亞總統很是憤怒，曾幾次揚言要弄死格瓦拉，為了達到這個目的，玻利維亞向美國請求援助。美國前面已經在古巴先吃過一次虧，再也不敢瞧不起這隻害蟲了，為此，美國向玻利維亞提供了大力的援助，這是格瓦拉從未料想到的。有了美國支持的玻國，戰鬥力馬上三級跳，格瓦拉和他的游擊隊屢吃敗仗，搞到最後連當地的共產黨都不願支持他了，一九六七年，格瓦拉隊伍的一位逃兵出賣了格瓦拉的游擊據點，隨後政府軍包圍了營地並逮捕了他，總統一聽聞害蟲抓到了，馬上下令將其處死。臨刑前，格瓦拉拒絕回應任何審訊官的問題，最後審訊官沒辦法，只能問他現在在想些什麼，格瓦拉給出了個大義凜然的答案：「我在想，革命是不朽的。」

說完這句話的隔天，格瓦拉即被押上刑場，負責處決他的處刑者是一名中士，到了人生的最後幾分鐘，格瓦拉聲嘶力竭地向那位中士喊到：「我知道你要在這裡殺我。開槍吧！懦夫，你只不過是殺了一個人。」語畢，九顆子彈分別穿入他的體內，槍槍命中要害，其中一槍打中了心臟，格瓦拉隨即嚥下了最後的一口氣，至此，他傳奇的一生畫下了壯烈的句點。

格瓦拉雖死，但他的精神雖死猶生，激勵了無數有夢想、有志向的年輕人，甚至他和阿爾貝托的這次旅行，還被後人拍成了叫好叫座的電影，而格瓦拉也絕對想不到，自己一生對抗美國，但是受他精神影響最深的，卻是美國的新一代年輕人們。格瓦拉的精神值得我們推崇，因為他不害怕肉體的痛苦，自由地去探索世界，在自己也寒冷的時候把毯子分給別人，以青春和熱血去探索，以無私和堅持來貫徹理想，這或許是生在一個「處處得向人妥協」的臺灣保守社會中，所感覺不到的吧！

老師不好意思教的

19 納瑟

每戰皆敗的英雄

——埃及硬漢納瑟

世界奇葩史

有一個著名的童話故事是這樣說的：一群老鼠受到一頭凶貓迫害，老鼠們開了一個會議，一致認為對付這隻貓的最好辦法是在它的脖子上掛一個鈴。不論貓走到哪裡，鈴聲就會發出警告。這樣其它老鼠就可以聽到鈴聲早點去避難了，可是這個方法唯一的難題，是派誰去掛鈴。

這段故事被引用在一九六三年，巴勒斯坦解放組織主席——阿拉法特一系列針對以色列的演講當中，之所以這段故事會被引用在這麼一個具有政治意味的演講當中，其實跟那時冷戰的大背景的情境之下有著千絲萬縷的聯繫。

當時，二戰的硝煙才剛散盡沒多久，但在一群大國的角力之下，本就族群複雜問題重重的中東又已經成為了另一個潛在的戰場。一九四八年，隨著以色列的獨立建國，這條導火線被點燃了，這個不討喜的新住戶剛搬來馬上就成為了周圍其他回教鄰居眾矢之的的攻擊目標，這些回教鄰居團結起來發動了一次又一次對以色列的戰爭，只不過，因為聯盟的不團結，每次戰爭新鄰居以色列總是能夠把力量數倍於自己的鄰居聯盟打敗。

而作為這一連串衝突中最大的受害者巴勒斯坦，老家都被人端了，那肯定是不能坐視著以色列的壯大。但自身力量又很有限，於是只能透過打游擊和演講的方式來尋求其他阿拉伯盟友的團結合作，以圖去找到那隻「敢在凶貓身上掛鈴的老鼠」。

而到底有沒有這隻勇敢的老鼠呢？綜觀整個阿拉伯世界，還真有。這隻勇敢的老鼠就是那時埃及第二任的總統——納瑟。

強人納瑟

說到埃及，可能大多數人對他的第一印象就是那矗立千年不倒的金字塔和獅身人面像，不過那都是過去式了。本篇故事的主人公納瑟所生活的埃及早就跟那遙遠的古文明沒什麼關聯了。古文明結束後，埃及做為一個重要的戰略要衝，倒楣的先後被各種來自不同地方的境外勢力占領。

諸如波斯人、希臘人、羅馬人、阿拉伯人、土耳其人和英國人全部都佔領過埃及，原本的古文明早就被新的伊斯蘭文明淹沒，連一點都不剩了。甚至到了二戰後好不容易取得獨立，卻還是要受到原宗主國英國的操控，你可以毫不誇張地說：扣除古文明，整部埃及史，那就是一部「被殖民史」。

俗話說「亂世出英雄」，生在這個混亂的世道就註定了納瑟一生的不平凡。一九一八年，納瑟出生，他的童年都在埃及的首都開羅生活，那時一戰剛剛結束，民族主義的思潮開始向各地蔓延，埃及那時作為英國的殖民地也不免會受到其影響。因此，小時候的納瑟每天去上學看到的風景不是什麼學生們手拉手開心去上學、導護媽媽親切地向他們問早，而是一大清早街上就有人在那舉牌拿大聲公抗議殖民政府的不公不義。

久而久之，受到這種大環境的影響，納瑟也終於成為了「埃獨」運動的一份子。學生時期他就開始在學校組織各種學生運動上街示威，甚至最高紀錄是一學期只出席了四十五天，剩下的天數呢？當然是全都請假去搞社會運動了啊！也因此，他也不出意外地成為了監獄的常客。

後來納瑟加入了當地的軍隊，服役期間，他結識了多位志同道合並也同樣對英國殖民不爽的小夥伴，其中就包括後來埃及的第三任總統沙達特和副總統阿邁爾。這三個人都擁有著強烈的民族意識，後來他們更是一起成立了一個名為「自由軍官運動」的團體，成員主要是來自埃及各地擁有強烈民族意識的有志青年們。在納瑟卓越的領導才能帶領下，自由軍官吸收了大量的成員，組織也迅速地壯大了起來。

一九四八年，在美英等列強的撮合下，以色列在中東獨立建國，這場大災難的降臨讓所有中東阿拉伯國家都十分震怒和錯愕，這些阿拉伯國家們在第一時間組成了聯軍對以宣戰，史稱第一次中東戰爭。

那想當然，納瑟作為一名民族主義者，自然也是義不容辭地參與了此次戰爭，只可惜，阿拉伯聯軍才剛上了戰場就被一群建國不到一個禮拜，但卻抱著背水一戰精神的以軍給打得滿地找牙。納瑟本人雖然作戰勇猛，但最終也因寡不敵眾，被圍困在一個偏僻的礦穴裡，直到戰爭結束後，才被以色列允許回到埃及。

戰爭失敗後，納瑟痛定思痛，開始反思之所以失敗的原因，沒多久他就體悟到了：「戰爭失敗的原因無他，就單純只是埃及的君主制害的。」因為當時的埃及王國實際上就是英國的一個衛星國，既然作為衛星國，就一定在某些程度上會被自己的宗主國掣肘，而英國恰巧又是以色列的盟友。所以簡單來說，納瑟認為：「戰爭失敗有很大的一部份肯定就是英國佬在後臺搞鬼。只要推翻王國，讓英國無法繼續干涉就行了啦！」

其實，納瑟能得出這份結論也是在情理之中的，因為當時作為埃及的好鄰居

——敘利亞，已經率先發動政變推翻了敘國王室，這給了埃及人民和納瑟很大的信心，再加之當時埃及的國王法魯克一世也確實是昏庸到了極點。

法魯克從小就被判定出有智能障礙，長大後更是不務正業，最愛偷別人家的東西，因此有「開羅小偷」的稱號，且和多名女性有染，各式各樣的色情讀物更是收集了幾大箱在家裡擺著。總之要是沒有英國支持，王國不倒台那才見鬼了。

受到上述幾點原因影響，納瑟開始萌生出了推翻國王的心思，他馬上回去找了那群也參加了自由軍官的同好們。一九五二年，在安插好內應、軍隊也部署完成的情況下，納瑟於那年七月二十三日正式發動政變。面對來勢洶洶、有志一同的革命黨，鬥志低迷、貪腐成風的政府軍則顯得不堪一擊，英美等列強看到情勢如此，也不想再做什麼負隅頑抗。沒過多久，國王在得到了納瑟答應不殺他的保證之後，流亡義大利，埃及王國正式結束。

隨後，自由軍官組織建立了埃及共和國。不過當時政變最大的功臣——納瑟因為官職太小，先扶植了一個少將當傀儡作為埃及共和國的第一任總統，不過，僅過了兩年後，納瑟在刷夠了成就後就把這個傀儡給軟禁了……。

新國家建立以後，再來要做的也就是要決定讓它成為一個怎樣的國家。當時的阿拉伯世界主要流傳著這麼兩派說法：第一派是所謂的「正確獨裁主義」也就是俗稱的開明專制，顧名思義就是統治者可以獨裁，但是也要顧及法律和人民的感受，聽取他們的需求；第二派是所謂的「伊斯蘭原教旨主義」，此種主義認為：阿拉伯世界之所以會被西方霸凌那麼久，那都是因為已經偏移了真主阿拉的道路，所以，只要導正自己的行為，變的更加清真，就自然可以強大起來。

面對這兩條道路，將國家利益擺在第一順位的納瑟毫不猶豫的選擇了前者，因為他早就認識到了：這是二十世紀，靠宗教說話的時代早就過了，還是走務實一點的路線比較好。

再來要決定的就是所要實施的經濟型態，這裡就分成資本主義和社會主義兩派。在當時冷戰兩極的格局下，這兩派都各有他們的老大，前者美國後者蘇聯，納瑟站在這個十字路口中，他也對此做了一番考量。

最後，他選擇了「社會主義」這一派。社會主義雖然現在在我們看來那是絕對持續不了多久的，從東歐巨變和蘇聯解體等等跡象都能看出來社會主義的弊端，但換個角度思考，這種社會主義是絕對是有利於國家的快速強大，例如東歐的一些國家在經過二戰的蹂躪後，靠著社會主義，他們都十分迅速地擁有了十分強大的武力和軍備。

而強大的軍備就是當時的埃及最迫切需要的。不過納瑟也不是把蘇聯的制度照單全收，而是取自己所需之後再加以改良，成為了一個新的「納瑟新時代埃及特色社會主義思想」。

在政治上，納瑟與其他的獨裁國家一樣，實施一黨獨裁，經濟上實施工業國有化，沒收英法等列強在埃及的企業並實施土地改革，採用你情我願的方式將大地主的土地分給少地和無地的農民。除此之外，埃及在婦女的解放方面也取得了很大的進展。

還我運河

對內的政策講完，接下來就講對外所實施的政策。納瑟對外採行不結盟政策，即表示埃及不會加入美蘇冷戰的任何一方，同時，他也是個「泛阿拉伯主義」信奉者，他認為阿拉伯世界最終應該走向統一的大阿拉伯聯邦。納瑟設想的大阿拉伯聯邦是超越宗教的政教分離國體，只要是講阿語的，不管什麼民族，什麼宗教信仰，都是大阿拉伯聯邦的成員。

而要建成大阿拉伯聯邦，首要任務就是要把絆腳石以色列給滅了，奪回巴勒斯坦。那最快打擊以色列的方式，無非就是從它的經濟下手，只要把它的命脈蘇伊士運河給掐住並實施經濟封鎖，以色列在中東孤立無援，被滅就是遲早的。

在確認了對以戰爭的計畫後，納瑟於一九五六年宣布將蘇伊士運河收為國有。以下節錄收回運河時，納瑟最震撼人心的演講台詞：「今天，我們終於實現了真正的主權、真正的尊嚴和真正的自豪……今天我們說，我們的財富已經歸還給我們了。」

這短短的一句話，蘊含的是無限的力量，主權這個字眼乍看之下沒什麼，但對埃及人來說，那卻是被剝奪了將近三千多年的權力。毫不誇張地說，納瑟是繼西元前三四三年內克塔內布二世法老被波斯人廢黜之後，第一位在埃及行使主權的國家自主領導人。

感動歸感動，回到現實層面，收回運河此舉畢竟觸怒了在運河擁有股權的英法兩國。為了報復埃及，英法與以色列組成聯軍揮師進攻埃及，面對三國組成的聯軍，埃及緊接著封鎖了跟運河一樣具有重要戰略地位的蒂朗海峽。雖然有著蘇聯老大哥提供的大把武器，但畢竟對手是兩個前殖民帝國，這場戰爭埃及打得可謂是舉步維艱，時間久了戰敗的跡象也就開始逐一出現，埃及的幾個重點港口城市盡接淪陷，西奈半島全部易手……。

好險，在關鍵時刻，美國跟蘇聯這兩個新時代大佬跳出來說話了，美國表示這是殖民主義的復甦，並對英國實施經濟制裁；蘇聯更狠，直接丟下一封信：「誰再給我動埃及一根毛，就拿核武招呼它！」

面對美蘇兩強的壓力攻勢，英法最終只得選擇接受和埃及的停火協議，以色列亦在英法簽完停火協議後，同意將軍隊撤出西奈半島。所以說，這次戰爭的總結，就是蘇伊士運河仍為通用航道，聯軍取得了「戰術上的勝利」，而埃及則取得了「戰略上的勝利」。而這次「戰略上的勝利」也讓納瑟的名聲和埃及國內的民族意識開始高漲，同時更加大了他打擊以色列的決心。

那個時候納瑟的名聲大到什麼程度呢？當時許多的阿拉伯人民會自發性地到

市集，專程去購買他的畫像或照片，然後帶回家，佐以鮮花和《古蘭經》，當成神一樣地膜拜。有些像沙烏地阿拉伯這樣的親美國家，全國禁止販售納瑟的畫像，但法律仍然阻擋不了饑渴的人民，當地人既然無法透過正當手段來取得畫像，那沒關係，就到黑市買，更甚者直接從外國走私進口，他們把阿拉伯復興的希望寄托在納瑟身上。

每當埃及的「阿拉伯之聲」電台播放納瑟的講話時，收音機旁總是擠滿熱情的聽眾。人們傳誦著納瑟的故事「納瑟貴為總統，但仍然住在普通的平房裡，他沒有亂七八糟的艷聞，沒有貪贓枉法得來的存款，他所作的一切都是為了埃及，為了阿拉伯。」很多阿拉伯國家的人民都盼望自己的國家與埃及合併，接受偉大領袖納瑟的領導。

顏面掃地的「六日戰爭」

一九五八年二月，敘利亞和埃及正式合體為阿拉伯聯合共和國。聯合共和國的成立在中東掀起了一波波的漣漪，不少的國家如伊拉克、北葉門、約旦都或多或少地表現出了對聯邦的支持和想加入的意願，納瑟的「大阿拉伯聯邦」夢想，總算有了個開始。

但俗話說「萬事起頭難」，作為埃及的死敵，以色列此時也肯定知道了納瑟的「邪惡計畫」。大阿拉伯聯邦的出現勢必會成為以色列的一大威脅，這種事情怎麼能夠縱容它發生呢？此後的以色列，便開始二十四小時全年無休緊盯著埃及的一舉一動。

這種緊迫盯人的計策，想當然耳，沒多久就被納瑟給發現了，他下令全國開始積極為下一場即將要到來的戰爭作準備。

為了應對戰爭，阿拉伯聯合共和國可謂下足了血本。敵人以色列僅有四百架飛機，光埃及一個國家就造了八百多台，再加上其他的盟軍，少說也有個一千架以上！其他軍種更不用說，那完全就是絕對的壓倒性優勢，打贏這場戰役，已經是預料之中的事了。

除此之外，納瑟還積極的在國內到處演講。

照他自己的說法，這場戰爭的用意是：「我們要教會那些愚弄我們、侮辱我們、踐踏我們權利的西歐人和猶太人，懂得尊重我們阿拉伯民族，認認真真地把我們當作他們的對手。」

重點是：「我們要發展和建設我們的國家，以面對我們敵人的挑戰。」目的是：「這場戰爭將會是一場持久戰，我們的基本目標就是將以色列從地圖上抹去！」

隨著兩國互相不斷的擴軍備戰和對罵，以阿兩國之間的關係已經降至了冰點。

一九六七年五月二十三日，納瑟故技重施，再次封鎖蒂朗海峽，切斷以色列對外的唯一航線。這給了以色列一個求之不得的宣戰理由，同一天，以色列對阿拉伯聯合共和國宣戰，戰爭開始。

戰爭乍始，納瑟就把自己最優秀的陸軍全部快速地送到前線的西奈半島，畢竟己方擁有人數優勢，以色列再強也擋不過這番鋼鐵洪流的攻勢。而且又有蘇聯及國際輿論的支持，勝利肯定是我們的！

卻沒想到，在進行部署的這段期間以色列的空軍已經開過來了，以色列發動閃電突襲，在埃及人吃早餐換班的時候，直飛埃及首都開羅並把那裡準備起飛的飛機都給轟炸了一番。

除此之外，他們還在跑道上丟了不少的延時性炸彈。剛丟下去不炸，等到你來修跑道時才炸開，這種炸彈導致工程兵根本無法修復飛機起飛的跑道。不過其實修復好像也沒什麼用，因為當時埃及的空軍已經全軍覆沒，剩下的也全都是老弱殘兵了，事後以色列也用同樣的招數去對付約旦和敘利亞的空軍，於是阿拉伯聯盟的空軍至此宣告全軍覆沒。

少了空軍後的阿拉伯聯盟，猶如斷了一隻臂膀，在制空權被人奪走的情況下，陸軍也緊接著開始潰敗。以色列迅速開始反攻，加上空軍的支援，地上的埃及坦克全都成了長腳的標靶，沒多久，埃及的戰線就開始不斷後撤，最後更是直推到蘇伊士運河，埃及已經完全失去了抵抗能力。

四個月後，聯合國介入，兩國停戰，戰爭結果以以色列的國土暴增三倍、埃及西奈半島易手告終。這次這場戰役因為打得太快，所以又稱「六日戰爭」，跟當初納瑟提出的持久戰完全相反。

六日戰爭過後，納瑟陷入了前所未有的悲傷和低潮。這次戰爭的損失實在太大了，原本躊躇滿志，結果現實卻狠狠地給他倒了一盆冷水。

一九七〇年九月二十八日，納瑟在心力交瘁的情況下，突發心臟病去世了。他的喪禮有超過五百萬人為其送葬，人們唱著：「世間唯一的神阿拉，納瑟是他的愛兒」。在當時全世界的阿拉伯人把阿拉伯統一、阿拉伯復興的期望寄托在納瑟身上。納瑟死了，埃及敗了，阿拉伯的統一和復興，轉眼變成看不到期待的渺茫。

其實，就因為納瑟的死，現在的中東才會變成這一片到處都是烽火、恐攻四起的是非之地。如果他能活得長一點，像塔利班、蓋達這些信奉伊斯蘭原教旨主義的極端組織就可能不會像現在一樣危禍一方，也難保阿拉伯世界不會有一番嶄新的形象出現在世人眼前。

英雄無分國界，我們不應該因為它的信仰、種族、國籍而去給人家貼標籤。雖說納瑟真的不是一位優秀的戰略家，但換個方向想，他是一位卓越的領導人，至少他做了許多對人民有益的事情，他的功勞遠遠大於他的過錯，憑著這點，他就值得被後人永遠銘記。

老師不好意思教的

20

霍爾蒂

沒有海軍，就不能當**海軍上將**嗎？

——史上**最搞笑**的王國攝政王

世界奇葩史

在我們觀察地理的過程中，能發現一個奇特的現象：世界上有一些國家，明明深陸，卻仍然保有自己的海軍，那為什麼這些國家還要在花錢維持一支對自己國家毫無用處的軍種呢？其實啊，這些國家並不都一定是無聊找事做，而是他們的國家可能在之前是真的有海的，只是因為某些原因海岸線被人給奪走了，舉個例子，位處南美的玻利維亞，是世界上最早脫離殖民統治獨立的國家之一，擁有連接太平洋，幾百里的海岸線，只是後來因為戰敗，海岸線被鄰國智利給堵了，於是就悲慘地成為了一個內陸國。

像這樣的例子還有很多，就舉東歐的匈牙利來講吧，匈牙利也是內陸國，但他卻也有著自己的海軍，而且更神奇的是，這個國家還曾經被一位「海軍上將」統治了二十四年之久，聽起來是不是很不可思議？這又是什麼奇葩組合啊？不過這件事是真真實實存在的，一切的一切，還得從故事的主人公——霍爾蒂開始說起。

失去海洋的海軍上將

這個霍爾蒂放在華文圈可能沒多少人知道他，算是個無名小卒，但霍爾蒂跟其他的歷史人物有點不同，別人都是少年時期沒幹什麼大事，草草帶過，長大後才開始創出自己的一片天，但他剛好相反，作為地主家庭的富二代，霍爾蒂很早就在官場上發跡了，那時候，匈牙利還是奧匈帝國的一部分，當時的奧匈帝國是有海的，與義大利相鄰的亞德里亞海，就是奧匈的勢力範圍，兩國也時常為了爭奪這裡的制海權，吵得不可開交。

霍爾蒂十四歲時，受到家庭愛國教育的影響，他跑去了海軍學院就學，沒多久就功成名就，甚至還當上皇帝的近衛，後來一戰爆發，霍爾蒂被任命為奧匈的海軍總司令，官職海軍上將，負責防守亞德里亞海，打擊來犯的義大利軍，戰爭期間，霍爾蒂靠著自己的優秀海軍知識基礎，帶領著艦隊屢創義大利，雖然當時的義大利也沒強到哪去，但對於在陸地上打一場輸一場的奧匈來說，這樣的戰績也是很難得了，霍爾蒂的海軍，那時成為了全國人民的希望，他本人的聲望也開始大大提高。

然而，好景不長，四年後，一戰結束，奧匈帝國戰敗被迫解體，霍爾蒂也被迫辭職，奧匈帝國戰後被肢解成五個國家，而匈牙利也因戰敗被堵成了內陸國。戰後的匈牙利，百業蕭條、共黨為亂，新的共和國政府完全沒辦法控制住這麼糟糕的局面，於是國內的共產黨就火大了，乾脆直接把共和國廢掉，自己成立一個蘇維埃政府，但這就招致了外國勢力的仇恨，尤其是英法和羅馬尼亞等國，他們對蘇維埃政府的成立感到很害怕，所以就派出了軍隊要去摧毀它，這下可好了，不只內憂還有外患呢！

面對這麼紛亂的政局，霍爾蒂覺得有機可乘，遂趁機復出，憑藉之前樹立的威望，霍爾蒂組建了一支聽命於自己的部隊——國民軍，國民軍迅速發展壯大，沒多久就從原本的幾十個人，擴張到了幾萬人之多，沒多久，霍爾蒂就帶領著這支部隊開進了首都布達佩斯展開了對共產黨員的大肆鎮壓，隨後的幾個月布達佩斯幾千人被處死，無數人被關進監獄，至一九二〇年國內的共產黨大多都已經肅清完畢，匈牙利進入了霍爾蒂統治時期。

跟錯了大哥

解決完內憂，再來就要開始對付外患了，當時匈牙利境內還盤踞著許多協約國的軍隊，面對這些荷槍實彈、戰鬥力遠甩自己幾條街的正規軍，霍爾蒂沒辦法，一方面是為了鞏固自己的統治，另一方面他也知道，這群人真的惹不起，於是為了使他們早點吃飽就走，他只能滿懷無奈地和這些國家簽訂了喪權辱國的特里阿農條約，這個條約十分的不人道，奧地利、捷克斯洛伐克、羅馬尼亞、南斯拉夫四國共同瓜分了匈牙利，掠奪了人家超過三分之二的領土，外加還拿走了匈牙利一千多萬的人口，一夜之間匈牙利不知道有多少人成為了「阿兜仔」，而且剩下的匈牙利人還需要支付巨額的賠款，條約簽訂時，在匈牙利國內引起了極大的震盪，匈牙利人民都沉浸在悲傷和憤怒當中，國家機構通通降半旗致哀，此後民眾的謾罵聲在國內就從來沒有停過，從一九二〇年一直罵到一九三八年還沒停，甚至還有極端民族主義者一直在國內叫囂說要復辟奧匈帝國，反正這段時間，匈牙利沒有過任何一天太平日子。

此時匈牙利國貧民弱，找個大靠山是一定的了，那要找誰呢？誰跟匈牙利的處境最像呢？這時，霍爾蒂就把目光移到了當時已經是納粹黨掌舵的德國身上，德國跟匈牙利的處境一樣，都是一戰的戰敗國，而且都受到了協約國無情的宰殺，且德國比匈牙利更慘，還外加通膨和限制軍備，因此在希特勒上台以後，霍爾蒂就積極地去跟他打好關係，而霍爾蒂之所以靠近希特勒，除了看出德國未來會產生的巨大變革，更大一部分是他想讓德國幫自己處理一些棘手的事務，例如拿回之前被羅馬尼亞拿走的超大塊領土——外西凡尼亞。

講到這裡就不能不提一下羅馬尼亞和匈牙利的超大仇恨，羅馬尼亞除了在一戰後，仗著自己是戰勝國的身分，夥同英法瓜分匈牙利外，還曾經出兵攻佔首都布達佩斯，干涉共和國的政治，並在該地燒殺擄掠、無惡不作，這使得匈牙利一直都很討厭羅馬尼亞，羅馬尼亞也一直很討厭匈牙利，明明是鄰居，但火藥味卻一直很重。

就在這時，一個奇特的景象出現了，原來羅馬尼亞的統治者也是一位法西斯獨裁者，他也是希特勒的忠實擁護者，所以也一直不斷地親近納粹德國，於是這時就形成了一個奇怪的局面，匈牙利和羅馬尼亞這兩個世仇一起做了德國的小弟。

一九三八年，霍爾蒂加入德國陣營，一起瓜分了捷克斯洛伐克，這個當初拿了自己不少地的仇家，直到這時，匈牙利也算是拿回了一些失土，不過，霍爾蒂的軍銜依然是之前奧匈時代的「海軍上將」，似乎他真的對這個稱號情有獨鍾吧！如同「蒙古國的海軍司令」一般，就算國家變成了內陸國也不放棄。

順帶一提，此時霍爾蒂統治的匈牙利，國名全稱叫做「匈牙利王國」，因為他自己是個忠實的保皇黨，可是霍爾蒂卻不願意自己當國王，他認為國王應該屬於奧匈皇室，於是他自封「攝政王」，那這樣一來，霍爾蒂除了是「沒有海軍的海軍上將」外，還多了一個「沒有國王的攝政王」之稱。

一年後，二戰正式爆發，雖然在外交上，霍爾蒂緊抱納粹大腿不放，但在處理國內的事務時霍爾蒂還真的跟納粹黨不是同路人，舉例來說，霍爾蒂一直不斷打壓著國內的極右派組織——劍十字黨，之所以打壓的原因是他本來就很看不慣這群極右翼一天到晚納粹來納粹去的行事作風，而且他也擔心如果讓這些人鬧大，遲早有一天他們會把自己的王國給端了。除此之外，霍爾蒂也很保護自己國內的猶太人，儘管德國一直對他施加壓力，要求把匈牙利所有猶太人通通送去集中營，但霍爾蒂就以「猶太人在商業和工業上很有貢獻」當做理由，拯救了無數猶太人的生命。

隨後，德國在戰場上越鬧越大，把整個歐洲大部分都給吃了，匈牙利也從中獲利，得到了之前被南斯拉夫侵佔的一部份領土，在德國的調解下，還拿回了之前被羅馬尼亞拿走的外西凡尼亞，至此，匈牙利的國土大致上又回到了簽定特里阿農條約時的面積。

後來時間來到一九四一年，這年，德國和蘇聯開戰了，作為德國的盟友，且同樣是反共立場的匈牙利，在霍爾蒂的指示下就派出了大約二十萬的軍隊去協同作戰。

接著，太平洋戰爭爆發，德國對美國宣戰，匈牙利也跟著大哥的腳步，向美國宣戰，當匈牙利大使來到美國國務院，給國務卿的秘書遞交宣戰國書的時候，有這麼一段對白：

美國秘書：「誰在領導著你們的國家？」

匈牙利大使：「霍爾蒂海軍上將。」

「那你們有一支強大的海軍嘍？」

「不，我們是內陸國。」

「霍爾蒂將軍在貴國擔任何職？」
「攝政王。」
「那你們的國王是誰？」
「我們沒有國王。」
「那你們對美英宣戰，所以美國和英國是你們的敵人囉？」
「不，我們唯一的敵人是羅馬尼亞。」
「那羅馬尼亞是我們的盟友嗎？」
「不，羅馬尼亞是我們的盟友。」
「等等，羅馬尼亞是你們的盟友，你卻把它當成敵人，然後我國跟你們也沒結多少怨，你們卻對我們宣戰？」
「反正歐洲的政局就是那麼複雜，你們美國人是不會懂的。」

宣戰歸宣戰，然而宣戰後，這下德國和他的盟友是絕對玩完了，一次把美蘇兩個巨人給扯進來，後來事實證明，果真在美蘇的夾擊之下，軸心國節節敗退，霍爾蒂見狀不妙，就開始嘗試要和同盟國講和，而此時，匈牙利旁邊的盟友兼敵人羅馬尼亞已經被蘇聯給佔領，並且倒戈啦！

就這樣，羅馬尼亞和匈牙利就成了公開的敵人，仇人見面分外眼紅，雙方都想置對方於死地，於是一場激烈的戰爭開始了，在這一連串的抵抗戰爭中，匈牙利軍人像是嗑藥般拿出了以往對付蘇聯所沒有的勇氣，士氣直接大暴漲，每個人都顯得異常狂熱，經過多場血戰後，羅馬尼亞的部隊被打到屁滾尿流，最後要不是蘇聯來救援，恐怕整個羅馬尼亞都要被匈牙利佔了。

可是，打了幾場勝仗並不代表什麼，戰況仍然沒有好轉，於是此時的霍爾蒂開始和蘇聯講和，一九四四年十月，兩國簽署停戰協定，匈牙利退出戰爭，知道這個消息後，遠在柏林的元首憤怒至極，下令黨衛軍突襲布達佩斯，活捉了霍爾蒂，將其軟禁在德國巴伐利亞，德國投降後，霍爾蒂因年老幸運地免受了審判，美國軍事當局才釋放了他。之後，霍爾蒂移居葡萄牙，直到一九五七年去世再未踏上匈牙利國土，之所以不回去的原因也有兩個，第一個就是他自認把國家帶向了歪路，無顏見江東鄉親父老，第二個則是當時的匈牙利，已經在蘇聯的扶植下成立了共產政府，新政府不斷清算和責罵霍爾蒂的罪行，再加之霍爾蒂本身反共，回去肯定馬上被槍斃，所以，是想回去也回不去了。

臨終前，霍爾蒂留下遺言，在最後一名蘇聯軍人撤離之前，後人不要把他的遺體送回匈牙利安葬。一九九三年，在蘇軍撤離匈牙利兩年後，霍爾蒂的遺骸才得以歸葬故鄉，許多關於他的評價也終得平反，並為更多的世人所知。

老師不好意思教的

21

法魯克一世

偷走**邱吉爾懷錶**的奇葩國王

——**開羅小偷**法魯克一世的扒手生涯

世界奇葩史

說起君主世襲制的缺陷，可謂是三天三夜都講不完，放眼中國數千年歷史，就出現過多少奇葩皇帝，把朝廷當作扮家家酒，將民生視為無關緊要……但在本章要說的這位仁兄面前，這些人都得甘拜下風。

說起埃及這個地方，地理環境十分優良，自古乃是兵家必爭之地，東部有著名的蘇伊士運河，是連結紅海與地中海的重要通道，境內又有世界第一長河——尼羅河沖積所帶來的肥沃土壤，而且自古便已經發展出文化，民族身受東西兩方的文化薰陶，好學不倦、奮發向上，各個都是高手中的高手。

那麼，即使擁有那麼良好的背景，為什麼埃及在近代歷史中如此落魄，明明獨立了，卻依然受到原殖民者英國的提線操弄呢？

其實很簡單，因為埃及生了一個奇葩國王，他的名字叫做法魯克一世，從一九三六年到一九五二年，整整掌權十六年，將埃及政治給搞得動盪不安，國內經濟發展幾乎完全停滯了。

虛度時光的早年

時間要來到一九一九年初，那年正是西班牙流感鬧得最凶的時候，全球上下總共有五千萬人死於這次災難，疫情也順勢傳到了埃及，使當地蒙受了重大的災難，總共導致十三萬八千人死亡，情況惡化到全國各地都發生了糧食暴動和飢荒。

不過這時候，埃及的最高行政首領蘇丹福阿德一世卻顯得心不在焉，也沒做好甚麼防疫工作，就讓事情隨便發展了。為什麼呢？因為他把當時的注意力全都集中到他的家庭問題上——他生不出男孩來！

埃及當時的舊習俗跟中國很像，有頗為嚴重的重男輕女風氣，連連生出女子就代表著晦氣。福阿德一世的運氣不大好，前面已經生了四胎，全部都是女兒，按照當時埃及法律規定，蘇丹繼承人必須由嫡長子繼承，如果福阿德再生不出兒子，那皇族的血脈就要中斷了。此時的福阿德一世已經五十二歲，正是身體逐漸衰老的時期，他只能把全部的賭注全部押到下一胎上，如果再生不出來，埃及王室將無位可傳，延續千年的王權習俗將就此殞落。

法魯克一世，正是在這種情況誕生在埃及王室，大有「先生不出，奈天下蒼生何」之感，他是上天欽定的幸運兒，不管是家世背景、政治勢力，他都得天獨厚，要什麼有什麼，順利得令人眼紅。

不過，江山太容易得到，也就不容易珍惜，法魯克作為皇位的唯一接班人，不用費多大勁兒就能收割王位，這使他養成紈絝子弟的個性，打從出生起，法魯克就有學習障礙，別人讀一遍就能記起來的事情，他要讀三遍，而偏偏法魯克又不好學，讓這種人擔任國家接班人，結果可想而知。

法魯克五歲的時候，父親給他請來一位家庭教師，教他讀書寫字。家教知道他有皇族血統，因此很勤奮指導他，把所有教育資源都動用到他身上，甚至自掏腰包買器材，只為了把他教導成一位將來堪當大任的國王，但每次上課時，法魯克總是答非所問。

埃及曾被英國殖民很長一段時間，雖然到福阿德一世掌權時已經名義脫離英國控制，但就經濟、政治等因素來看，依然無不受到影響，福阿德一世希望自己的兒子成為一代雄主，改變埃及的政治地位。

十四歲那年，法魯克即前往英國留學，老爸此番舉動，是為了讓兒子增廣見聞，沒想到卻走向了背道而馳的局面。當法魯克離開父親的約束後，沒有一個人管得動他，他像一匹脫韁野馬肆無忌憚地橫衝直撞，在英國留學的幾年時光裡，法魯克度過了所有青少年夢寐以求的學生生活，成績一蹋糊塗，卻不用被父母親罵；想要花錢，直接向政府申請求學經費；受一票拜金女擁戴，玩膩就換新女友⋯⋯。

法魯克表面上是在國外讀書，實際上卻相當於一次公費旅遊，後來他乾脆不上課了，成天和貴族子弟廝混，沒事就成群結伴去看賽馬，無聊就去郊外打獵⋯⋯爸媽知道他不正經，繼位後肯定會亂來，但為了保證王室的血統繼續存留，只能犧牲國家利益，做出下下之策了。

一九三六年，埃及國王福阿德一世去世，十六歲的法魯克繼承埃及王位，也繼承了埃及王室一億多美元的財富、兩百多輛名貴轎車以及七萬多英畝的土地。想當然，連私德都處理得一塌糊塗的人，不可能懂得管理國家。法魯克才剛上任不久，就把國家弄得一團糟。

著名的暴食症患者

法魯克這輩子好像沒有長大過，隨著年齡的增長，還加倍地頑皮起來。就拿感情方面來說，法魯克名義上只先後娶了兩名妻子，但檯面下加起來的情人有上百以上，從上流貴族到普通演員無所不包，據說武裝衛隊隊長的妻子也是情婦之一，法魯克以探討國事為名將那名女人招進宮內，並讓她懷孕了。

皇宮內屈指可數的女人，顯然滿足不了貪婪的法魯克，他經常以巡視國家為由微服出巡，在路邊搭訕貌美的小女孩，他曾和英國年輕女作家芭芭拉．斯克爾頓（Barbara Skelton）談過一陣子戀愛，但是花心的法魯克，一下就把注意力轉移到別的女人身上，揮揮衣袖，不帶走一片雲彩，氣得斯克爾頓在書中大罵法魯克：

「法魯克的吻技可圈可點，但他根本不是一個好情人，性能力也不足。」

當然，法魯克還有一個引以為傲的興趣，那就是吃。他似乎患有十分嚴重的暴食症，體重有三百多磅，食量是普通人的七倍有餘，特別喜歡吃炒飯，一餐可以吃七大碗，有時候興致一來，喝十幾瓶啤酒都沒問題。你可能會問，正常人的肚子哪可能這麼大？怎麼能裝得下這些東西？法魯克身體與常人無異，那麼多的食物自然不是一下子就能吃完的，他吃飯最多在四個小時左右，如果是中午吃飯，下午四點才會吃完，如果晚上八點吃飯，半夜十二點才會吃完！好在當時埃及的飲食文化只有午晚兩餐，沒有早餐，不然我們的法魯克可能大半人生都會在餐桌上度過了……。

有次法魯克跑去歐洲遊玩時，買下了一輛大紅色的德國賓士轎車，沿路不是吃大餐，就是買珠寶，可謂是窮奢極欲，某日經過一間餐館，被通風口溢出的濃烈肉香給吸引了，他馬上剎車，衝向餐廳大飲大食，在這一餐中，法魯克吃掉了四十隻鵪鶉……。

「開羅小偷」的由來

法魯克還有一個相當知名的怪癖，那就是偷竊。據說法魯克有天無聊難耐，跑去監獄探望囚犯，其中一位囚犯引起了他的注意。在那個時代，囚犯幾乎都是年輕人，唯有他頭髮蒼白，身形老態，原來是一位行竊多年的老扒手，經過警方的多年追捕後終於落網了，法魯克覺得他太厲害了，旋即向他拜師學藝，老扒手不肯，國王便提出減刑出獄誘惑他。老扒手雙眼一亮，把自己平生所學盡數教給法魯克。法魯克雖然愚鈍不堪，但在旁門左道方面掌握得相當快，經過一段時間的實習之後，法魯克便掌握一身竊盜功夫，算是正式出徒了。

法魯克一生偷過很多東西，他特地將皇宮騰出一個房間，以便放置偷取而來的物品。至於他究竟偷了哪些珍寶，史料沒有太多紀載，唯一可以知道的是，法魯克曾偷過兩位國家領導人的飾品：

(1) 伊朗國王的寶刀：一九四一年，伊朗國王李查汗逝世時，法魯克前赴悼念，並趁他人不注意時偷偷拿走了指揮刀、勳章等陪葬品。

(2) 邱吉爾的懷表：一九四三年，英國首相邱吉爾、美國總統羅斯福、國民黨主席蔣介石在埃及開羅舉行會議，作為負責接待的主人，法魯克自然要盛情接待三位巨頭，但在宴會上，法魯克一時手癢難耐，從邱吉爾的背後偷偷拿走了他的懷錶。這讓邱吉爾非常不高興，英國在當時可是埃及的最大貿易國，國內有一半民生用品要靠英國接濟，豈能被如此戲弄？埃及政府費了很大功夫，像哄小孩一樣勸說法魯克交出到嘴的肥肉，這才平息了外交危機。

從此之後，法魯克在國際間有個響噹噹的稱號：開羅小偷（The Thief of Cairo）。

法魯克的紅色賓士

「男人永遠不會長大，只是玩具越玩越貴。」這句話套用在法魯克身上是最合適的。除扒竊之外，法魯克的另一項愛好是飆車，他把國內公路當成個人的賽車場，開起車來橫衝直撞，行車紛紛走避。為了避免被警察攔阻，他把自己擁有的一百多輛汽車全部漆成顯眼新潮的亮紅色，並命令國內不許有任何人跟他相同，這樣一來，當警察們看到一輛紅色的轎車超速駕駛時，就不會攔路掃興了。

要是有哪個不識相的駕駛想跟他比個快慢，他就會搖下車窗，叫他趕緊滾蛋，通常這會有兩種結果，一是駕駛識相，馬上踩剎車，法魯克高興地比著中指，加足馬力揚長而去；二是仍要爭高下，法魯克就會用手槍打爆人家的輪胎，之後憤怒地比著中指，加足馬力揚長而去。

夜路走多了，總會遇到鬼，開車開快了，也會遇到鬼。一九四三年十一月，法魯克一如既往地開著自己心愛的紅色凱迪拉克驅車狂飆，結果在公路上被一輛龜速前行的英軍卡車擋住了，法魯克知道他們是外國人，自己惹不起，所以選擇逆向超車，然而他沒料到對向車道居然也有一台車子！一場車禍應運而生，法魯克頭部受到撞擊、兩根肋骨骨折，在送往醫院前，醫護人員本想用擔架抬他進去車裡，但沒人搬得動法魯克肥胖的身軀，兩名醫生一起使力，居然把擔架給扳裂了。

還有一回，法魯克不知怎地，晚上睡眠品質不好，一連做了幾天噩夢，夢見獅子緊追著他不放，他遂驚醒過來，原本這也只是一場惡夢罷了，但法魯克認為這非同小可，要是獅子的陰影在他內心揮之不去，那我這當國王的，就不配作領袖了！為了化解恐懼，法魯克驅車前往開羅動物園，一見到獅子就拔出雙槍，將牠們打成蜂窩。

在執政的十六年間，法魯克忙著享受生活刺激，正事沒做幾件，倒是留下了一堆爛攤子，埃及人民飽受壓迫之苦，多半生活在飢寒交加之中，國內的大城市雖然盡顯繁華，底層的貧困百姓卻多達百萬……第二次世界大戰以後，王權主義已日漸衰頹，國內求民主改革的呼聲也越來越高，埃及民眾終於受不了這個荒唐的君主了。

王權的崩落

後來，以色列與埃及爆發了一場大戰，這本該是埃及民眾上下一體，齊力共度難關的時刻，法魯克身為領袖，卻將槍口指向自己的祖國，趁亂大肆搜刮國庫，刻意拖延前線士兵的糧餉，激起了廣大國民的憤怒。平時法魯克搞點小娛樂，平民百姓即使不滿，還處於可以忍受的階段，但這可是戰爭啊！法魯克的貪小便宜，成為壓垮王權的最後一根稻草，數以萬計的民眾不顧政府的戒嚴令走上街頭，發起聲勢浩大的示威遊行，高呼打倒腐敗政府的口號。

反對王權的聲浪也在士兵和中下級軍官中迅速蔓延，沒過多久，幾名軍官率領軍隊發起政變，衝入皇宮捉捕法魯克。法魯克雖然看起來又呆又胖，但可不是好對付的人，他一直有在訓練槍法，當軍隊試圖衝過王宮前的廣場時，法魯克親自拿起獵槍，熟練地裝彈、上拴、舉槍、扣扳機，接連擊傷三名士兵以及一名機槍手，槍法簡直不得了。

不過，法魯克單打獨鬥，軍隊卻源源不絕地趕來，在絕對武力優勢的逼迫下，法魯克最終還是低著頭、顫抖地在退位協議上簽了字，坐上皇家遊艇，連夜倉皇離開了埃及。逃跑前，法魯克耍了一招小心眼，往船上搬了三十八箱金銀財寶，對外謊稱是「香檳」，安檢人員看國王呆愣愣的樣子，也沒有多想，就讓他順利通過了。

對一個流著皇族血脈的人來說，天底下沒有比親手葬送國家還要更悲痛的事了，雖然偷帶的錢足夠應付他的生活，但身分上的落差，無聲折磨著法魯克的後半生。不同於南唐李後主把亡國之痛轉化為無數唯美詞曲，法魯克選擇將鬱卒化為食量。

幾經輾轉後，法魯克被安頓在義大利某間偏僻鄉下的度假別墅裡，他整天把自己關在一間黑暗的房間裡，邊看電影，邊一口接一口地吃著零食。此時的他體重漲到完全走了形，簡直是一團會呼吸的肉了，沒辦法進行任何娛樂，更別提和異性相處了，據傭人們回憶，法魯克不是在床上躺著，就是在沙發上半躺著，幾乎從未看見他站起來過。

法魯克唯一的樂趣只剩下吃飯，而吃飯又使他繼續增肥，肥胖使他無法站起來做其他事情，所以他只好繼續吃飯……如此頹喪的生活，使法魯克陷入了無盡的惡性循環。一九六五年三月十七日，法魯克的食慾異常地好，一個人吃掉了十二隻大龍蝦、十個生蠔、八條烤魚、五碗炒飯，外加數不清的小甜點……吃完飯以後，法魯克感覺不太對勁，捧著心臟，倒在沙發上呼吸急促。當人們發現他的異狀時，已經難以挽回了。

終於，這位昏庸的蘇丹之子、埃及國王，結束了一生。

老師不好意思教的

22

布里茲涅夫

唇印滿天下

——布里茲涅夫的**狂吻外交**

世界奇葩史

縱觀蘇聯各代的大領導人，不難發現，這些領導人們都有屬於自己獨有的特色，諸如有建立蘇俄的最大元勛、富有革命魅力的列寧，或是剛毅極權、城府甚深的史達林，思想十分開明的赫魯雪夫，再不然就是直接把蘇聯丟進墳墓裡的戈巴契夫。他們靠著自己的統治，給世人留下了許多鮮明的人物色彩……讀者閱覽此處，會不會感覺好像少講了一個人呢？我們少講了總是被邊緣化的蘇聯第五任總書記——布里茲涅夫的部分啊！確實，在蘇聯的領導人列表裡，此人的存在感真的很低，而會造成這種結果的原因就是，在他掌權的十八年間，蘇聯就彷佛凍結了般，沒有什麼太大的變革，甚至可以說是完全地停滯住了。有則蘇聯政治笑話如此說道：

有一天蘇聯領導人們搭火車旅行。鐵軌到了盡頭，火車停下。

列寧號召：「立即發動無產者搞星期六義務勞動，修鐵路，直通共產主義！」

史達林抽著煙斗，嚴肅地下令：「給我調一百萬勞改犯來，修不通鐵路，統統槍斃。」

赫魯雪夫敲著皮鞋喊：「把後面的鐵路接到前面去，火車繼續開！」

布里茲涅夫揮舞著雙手說：「坐在座位上自己搖動身體，做出列車還在前進的樣子。」

最後，戈巴契夫沉思道：「把火車拆了，到有鐵軌的地方再拼裝起來。」

從這著笑話中可以簡單的就看出各蘇聯大佬，他們面對國家的問題到底是怎麼樣的處理方法，但也看出了布里茲涅夫這種故弄玄虛、以假亂真的心態，終將讓蘇聯陷入萬劫不復的泥潭。不過扣掉他在政治上的「光彩表現」，這人真的非常的有趣，關於他的軼聞趣事可是多到滿出來了，可惜大多數人對他了解不多。接下來，就從幾個面向來講講他的生平故事吧！

平步青雲的從政之路

說到布里茲涅夫剛開始是如何踏入政壇的，那就得先講到一九四一年的那場德蘇戰爭，當時，納粹德國發動巴巴羅薩計畫偷襲蘇聯，兵鋒直指首都莫斯科。在這種非常時期下，當時的蘇聯領導人史達林自知工業實力沒辦法和德國比，只能採用人海戰術來應對納粹的強大攻勢，號召全國人民一起為祖國奉獻，而布里茲涅夫本人就是在此來到了軍隊內服役，只不過他當的不是軍隊的指揮官，而是待在軍隊的大後方做政委。政委主要負責處理共產黨的內部工作及思想政治工作，目的是確保軍隊接受共產黨的領導，簡單來說，這是一份動腦不動手，輕鬆但地位至高的工作。

戰爭結束後，一九五二年，布里茲涅夫升任蘇共中央書記，此後他官運亨通，不斷升遷，並且在史達林逝世後成為了新任領導人赫魯雪夫的合作夥伴。他之所以能夠如此扶搖直上，靠的不是關係，而是絲毫不差的工作風格。他當時就像是希特勒的希姆萊一樣，做事一板一眼，容不下一絲差錯，而且完全沒有幽默感。布里茲涅夫倚靠這種高效率精神，在戰爭結束後短短十年間，步入了蘇維埃的權力核心。

一九五五年兼任哈薩克黨中央第一書記後，時任黨領導的赫魯雪夫大力地推行國內的墾荒運動。布里茲涅夫對於赫魯雪夫想改革蘇聯的志向也是十分的支持，成功地在短期內提高了哈薩克的糧食生產量，減少了糧食短缺。只不過，後來布里茲涅夫在改革完土地民生後獲得內外一片掌聲，野心也隨著心理的自我膨脹而擴大，他再也不想蜷縮在政治的框架上行事了，他想要成為領導蘇維埃的領頭羊。因此，布里茲涅夫將手給伸向了深不見底的政壇中，當時蘇聯的政壇就跟現在臺灣的時局一樣，每個派系、每個人都有自己的蛋糕要拿，突然有人硬是強行插隊搶食，自然會遭到既定利益者的反擊。赫魯雪夫當時就屬於既得利益者的最大受益人，他開始對布里茲涅夫的野心感到恐懼，要暗殺他嗎？不能，他的名氣太旺了，暗殺後大家肯定不服氣；不暗殺他嗎？不能，他的野心及能力深不見底，將來肯定會取而代之。赫魯雪夫什麼都不能做，只能處處提防他，深怕他再升官了。為了獲得至高無上的權力，布里茲涅夫開始萌生推翻赫魯雪夫的念頭，一不作二不休地利用自己在政治上靈活的交際手腕，找到了一群「志同道合」的隊友，在一九六四年終於決定在赫魯雪夫去黑海度假時，發動政變奪權，以此逼迫赫魯雪夫下台。

後來政變一舉成功，赫魯雪夫「被」退休，布里茲涅夫幫自己升級為蘇聯中央總書記，一躍變成了蘇聯的真正領導人。執政之初，他待人溫和，但等到自己也懂了些門道後，他就開始變得獨裁起來，政策也變得自我中心和保守，原本自己立下的一些開明政策也全數反悔取消，他甚至終止「非史達林化」，瘋狂讚美雄姿，在布里茲涅夫死後，還有人編了個笑話是這樣嘲諷他的：「昨天莫斯科發生了一起針對布里茲涅夫同志的失敗暗殺事件。子彈穿透汽車的防彈玻璃，擊中布里茲涅夫同志胸前的勳章，隨後反彈並打死了司機。」

獨樂樂不如眾樂樂，除了給自己發勳章外，布里茲涅夫也很喜歡給別人發勳章，諸如捷克總書記杜布切克和羅馬尼亞書記希奧塞古這些社會主義陣營的小夥伴們，都很榮幸地得到了布里茲涅夫的心意。再來，布里茲涅夫也會給自己的子民們發動章，有一次，他在家裡追一部名為《春天的十七個瞬間》的連續劇，這部戲劇主要是在講一位化名為施季里茨的蘇聯偵查員在二戰期間潛伏於納粹德國的陣營當中，最後靠著自己的勇氣與智慧成功竊取情報，報效祖國的故事，原本這就只是個普通的電視劇，沒什麼了不起，但布里茲涅夫有位幕僚不知哪聽來的小道消息，居然告訴布里茲涅夫這個施季里茨是個真實的人物，而且他現在還活著，只是被人遺忘了。聽到這個消息，布里茲涅夫感到十分的驚喜，因為他一直覺得這位主角偵查員如此愛國，堪稱全國人民的模範，這人不見一下怎麼行！

於是，為了找到這個人，布里茲涅夫馬上讓警衛去了解施季里茨的近況，像是府上哪裡、現在在何處高就之類的，意料之外的是，警衛卻說，不用去了解，因為根本沒有這個人，那是電視劇塑造的虛構人物。

被警衛這麼一說，布里茲涅夫也突然感覺到自己在做的事情好像真的有點詭異，居然要去找一個虛構的角色，但就算如此，布里茲涅夫還是不死心，他又給其他人打電話，結果得到的都是同樣的回答。這下子布里茲涅夫可愁了，他本來是想給這個施季里茨頒發勳章的，人都沒有，勳章怎麼發？於是布里茲涅夫這時就腦筋急轉彎一下，他把一枚金星勳章授給了扮演施季里茨的演員吉洪諾夫……之後他養成了一個習慣，在家裡看電視、電影，一旦有喜歡的演員，就召喚過來，給他們頒發各種各樣的獎章、勳章，搞得他家就像金馬獎頒獎會場一樣，而這也成了布里茲涅夫執政後期的主要工作和生活樂趣之一。

狂吻外交

布里茲涅夫執政時期，除了勳章軼事最讓人津津樂道外，還有一個較為「噁心」，卻又同樣知名的軼事，那就是——布里茲涅夫的「狂吻外交」。

我們都知道，這個中西禮儀是有很大的不同的，在一般的印象當中東方人比較含蓄，見面通常都以鞠躬握手來表示問候，西方則反之，見面通常就直接來個大方的擁抱和親吻，布里茲涅夫也是，作為一個純種的西方人，他也很熱衷於見面就來個擁抱親吻這一套，只不過，別人親吻是親兩側的臉頰，他卻是除了臉頰外還要嘴對嘴地親，而且一親就是一長段時間，出國訪問搞得跟情侶放閃一樣，不管是男是女都難逃他的「布氏之吻」。有不少國家領導人都跟布里茲涅夫接吻過，也都超級害怕再看到布里茲涅夫來他們的國家，尤其是社會主義的小伙伴們，他來幾次就得被親幾次。

其中最著名的一次吻，那還得屬有次布里茲涅夫跑到東德去訪問，也順帶送了一個布氏之吻給當時的東德總理何內克。正巧這一幕接吻的「激情」畫面被攝影師給拍下，後來攝影師把這張照片呈給布里茲涅夫過目，沒想到他卻說：「哇！這張照片拍得實在太好了，充分地體現出社會主義大家庭的融洽，不然這樣好了，你趕快找幾個油漆工，把這張照片給漆在柏林圍牆上，要讓每個無產階級的人民們都能看到社會主義陣營之間的濃厚友誼！」就這麼樣，布里茲涅夫和何內克的深情接吻照就被搬上了柏林圍牆，以後所有東德和蘇聯的人民們只要經過柏林圍牆，都能夠看到兩個中年的老先生深情款款、你儂我儂，樣子十分陶醉的吻照。

而對於「布氏之吻」最厭惡的人，莫過於布氏下面的蘇共委員們，不過做為委員，他們不得不「上行下效」，致力於將「布氏之吻」發揚光大。繼布氏之後的兩任蘇共總書記，安德羅波夫與契爾年科，都相當痛恨這種作法，前者曾和患病的蒙古領導人澤登巴爾接吻後患了重感冒，被迫休假了好多天，後者因為健康問題的關係極容易感冒，但為競逐總書記寶座一直竭力掩飾，差一點點就要提前見上帝了。

布里茲涅夫在位十八年間，除了整天給自己發動章和強吻別人外，老實說還真的沒有什麼上得了檯面的政績，這十八年內，蘇聯除了軍備和核武的數量有所增長，其餘方面基本上都處於停滯的狀態，因為長期和美國的軍備競賽，再加上窮兵黷武的政策，國內的民生甚至也開始走了下坡路，當時的人們可憐到需要在冷風颼颼的嚴冬裡，排上兩個多小時的隊伍，才能拿到一塊小小的麵包來果腹，這既是共產主義在現實世界中的缺點，也跟領導人的不思進取脫不了關係。

以上種種事實已經證明了，布里茲涅夫真的沒有當領導人的資質，他是一個沒有受過良好教育、知識貧乏的人，對任何事情都不求甚解，往往用諸如「我們將研究研究」、「我們考慮考慮」這類話搪塞對方提出的問題，作為領導人，他總是能一天到晚開天窗，最後當然什麼事都辦不好，但這還不是結束，布里茲涅夫可以被人批評的點太多了，最後再舉一個，那就是他的專屬技能——讀稿。

一般來說，一個好的領導人都有個共同的特質，就是可以站在舞台上以自己的言詞，來說服聽眾，讓聽眾們認同自己的思想，但布里茲涅夫不是，他在演講時，這個專屬技能就會自動開啟，所以導致他演講時，一定要帶講稿，而到了台上他就只會照著稿唸，就這麼一個領導人，原本慷慨激昂的領導人廣播都能變成小學生唸課文，甚至有時候讀錯稿都還不知道。

布里茲涅夫曾被外界笑話為「一台會走路的讀稿機」，此話不假，布里茲涅夫只會照著秘書寫的稿念，他拿到甚麼稿，就念什麼稿，好比有次他去參加蘇聯底下一個加盟國的畜牧業會議，結果他的秘書給他拿錯稿，拿成「計畫生育」的稿子了，而布里茲涅夫也沒查覺有哪裡不對勁，看著底下人一臉茫然的樣子，他依然故我地繼續念他的稿，直到三十分鐘後他的秘書才發現糟了！拿錯稿啦！於是趕忙拿一份正確的去給他念，照正常人的思維，這時候應該表現出的是一臉不知所措的樣子，但布里茲涅夫從頭到尾在這個換稿子的動作中始終保持著一副泰然自若的樣子，像什麼都沒發生似的。

冷死人的紅場閱兵

後來到了一九八二年，這年剛好是蘇聯十月革命六十五周年，照慣例，這種大日子肯定是要各種閱兵演講慶祝一番，作為國家的最高領導人，不管布里茲涅夫是否願意，這種重大慶典肯定是要出席參加的。同年十月七日，盛大的十月革命紀念儀式在紅場舉行，這時的布里茲涅夫身子已經弱到了一個不行，在兩個年輕官員的攙扶下，他腳步蹣跚地走上了主席台，先前各種因接吻、酗酒等不良的生活習慣而導致的心臟病、白血病、頜骨癌、肺氣腫及循環系統疾病都在他的身上相互作用著，導致布里茲涅夫越說聲音越小，連念稿都快念不下去了，勉強斷斷續續地念了幾句的隻字片語，好在當時也沒有現場實況轉播，不然這真要播出去那得多丟人啊。其實，從一九八二年年初開始，布里茲涅夫就已經很少在媒體和人民面前露面了，就算好不容易出來，那也肯定是要有隨侍的醫生在一旁看著，以免有什麼意外。

在冷風裡站了幾個小時的布里茲涅夫，等到活動結束後，已經開始變得神智不清，無法與人正常溝通，但就算如此，他還是堅持不放掉自己的權力給其他人，過了三天，一九八二年十一月十日，布里茲涅夫在病榻上像往常一樣服下安眠藥後睡覺，卻再也沒有醒來。隔日，蘇聯官方宣布：「我們敬愛的領袖——布里茲涅夫同志死於心臟病。」

至此，布里茲涅夫的生平終告結束，由於他生前的各種不當的政治舉措，此時蘇聯已經被他搞得烏煙瘴氣，人民看不到希望，國家看不到未來，而繼其後任的幾位領導人，也無法挽救這一切的悲劇，最後終於導致了一九九一年的蘇聯解體，這個偌大的帝國從此消失在世人眼前。直到今日，布里茲涅夫的大名依然常常會被掛在俄羅斯人的口中，只不過不是拿來崇拜和歌頌，而是拿來編成一則又一則的政治笑話，雖然這些笑話不見得是真的，但另一方面，從這些內容裡，卻也真真實實地反映出了那個時代蘇聯政壇上種種匪夷所思的墮落和腐敗，以及那個時代蘇聯的老百姓們心中最真實，但又無人能懂的無奈。

老師不好意思教的世界奇葩史：
超乎想像，原來影響世界的領導者是這樣！

作　　者　江仲淵、柯睿信、黃羿豪

發 行 人　林敬彬
主　　編　楊安瑜
編　　輯　林子揚
美術設計　吳郁嫻
編輯協力　陳于雯、高家宏

出　　版　大旗出版社
發　　行　大都會文化事業有限公司
11051臺北市信義區基隆路一段432號4樓之9
讀者服務專線：(02)27235216
讀者服務傳真：(02)27235220
電子郵件信箱：metro@ms21.hinet.net
網　　址：www.metrobook.com.tw

郵政劃撥　14050529 大都會文化事業有限公司
出版日期　2021年08月初版一刷
定　　價　350元
I S B N　978-986-97821-4-2
書　　號　B210801

First published in Taiwan in 2021 by Banner Publishing,
a division of Metropolitan Culture Enterprise Co., Ltd.

4F-9, Double Hero Bldg., 432, Keelung Rd., Sec. 1, Taipei 11051, Taiwan
Tel: +886-2-2723-5216　Fax: +886-2-2723-5220
Web-site: www.metrobook.com.tw
E-mail: metro@ms21.hinet.net

國家圖書館出版品預行編目（CIP）資料

老師不好意思教的世界奇葩史：超乎想像，原來影響世界的領導者是這樣！ /江仲淵、柯睿信、黃羿豪 著. -- 初版. -- 臺北市 : 大旗出版 : 大都會文化發行, 2021.08
320面 ;14.8×21公分
ISBN 978-986-97821-4-2(平裝)

1. 世界傳記 2. 通俗作品

781　　108013602

大都會文化　讀者服務卡

書名：**老師不好意思教的世界奇葩史：超乎想像，原來影響世界的領導者是這樣！**
謝謝您選擇了這本書！期待您的支持與建議，讓我們能有更多聯繫與互動的機會。

A. 您在何時購得本書：______年______月______日
B. 您在何處購得本書：____________書店，位於____________（市、縣）
C. 您從哪裡得知本書的消息：
1. □書店　2. □報章雜誌　3. □電臺活動　4. □網路資訊
5. □書籤宣傳品等　6. □親友介紹　7. □書評　8. □其他
D. 您購買本書的動機：（可複選）
1. □對主題或內容感興趣　2. □工作需要　3. □生活需要
4. □自我進修　5. □內容為流行熱門話題　6. □其他
E. 您最喜歡本書的：（可複選）
1. □內容題材　2. □字體大小　3. □翻譯文筆　4. □封面　5. □編排方式　6. □其他
F. 您認為本書的封面：1. □非常出色　2. □普通　3. □毫不起眼　4. □其他
G. 您認為本書的編排：1. □非常出色　2. □普通　3. □毫不起眼　4. □其他
H. 您通常以哪些方式購書：（可複選）
1. □逛書店　2. □書展　3. □劃撥郵購　4. □團體訂購　5. □網路購書　6. □其他
I. 您希望我們出版哪類書籍：（可複選）
1. □旅遊　2. □流行文化　3. □生活休閒　4. □美容保養　5. □散文小品
6. □科學新知　7. □藝術音樂　8. □致富理財　9. □工商企管　10. □科幻推理
11. □史地類　12. □勵志傳記　13. □電影小說　14. □語言學習（_____語）
15. □幽默諧趣　16. □其他
J. 您對本書（系）的建議：

____

K. 您對本出版社的建議：

____

讀者小檔案

姓名：______________ 性別：□男　□女　生日：____年____月____日
年齡：□ 20 歲以下 □ 21 ～ 30 歲 □ 31 ～ 40 歲 □ 41 ～ 50 歲 □ 51 歲以上
職業：1. □學生 2. □軍公教 3. □大眾傳播 4. □服務業 5. □金融業 6. □製造業
7. □資訊業 8. □自由業 9. □家管 10. □退休 11. □其他
學歷：□國小或以下 □國中 □高中／高職 □大學／大專 □研究所以上
通訊地址：______________________________
電話：（H）______________（O）______________ 傳真：______________
行動電話：______________ E-Mail：______________________
◎謝謝您購買本書，也歡迎您加入我們的會員，請上大都會文化網站 www.metrobook.com.tw 登錄您的資料。您將不定期收到最新圖書優惠資訊和電子報。

超乎想像，原來影響世界的領導者是這樣！

北區郵政管理局
登記證北臺字第9125號
免貼郵票

大都會文化事業有限公司

讀者服務部 收

11051臺北市基隆路一段432號4樓之9

寄回這張服務卡〔免貼郵票〕
您可以：
◎不定期收到最新出版訊息
◎參加各項回饋優惠活動